A INTERPRETAÇÃO PSICANALÍTICA

Blucher

A INTERPRETAÇÃO PSICANALÍTICA

Revisitando Klein e Winnicott

Filipe Pereira Vieira

A interpretação psicanalítica: revisitando Klein e Winnicott

Publisher Edgard Blücher
Editor Eduardo Blücher
Coordenador editorial Rafael Fulanetti
Coordenadora de produção Ana Cristina Garcia
Produção editorial Leonardo Santos e Andressa Lira
Preparação de texto Mariana Góis
Diagramação Thaís Pereira
Revisão de texto Sérgio Nascimento
Capa Laércio Flenic
Imagem da capa "A terceira margem", de Gisele Sperb, 2023 – 104 x 124 cm, acrílica e verniz sobre tela

Blucher

Rua Pedroso Alvarenga, 1245, 4º andar
04531-934 – São Paulo – SP – Brasil
Tel.: 55 11 3078-5366
contato@blucher.com.br
www.blucher.com.br

Segundo o Novo Acordo Ortográfico, conforme 6. ed. do *Vocabulário Ortográfico da Língua Portuguesa*, Academia Brasileira de Letras, julho de 2021.

Dados Internacionais de Catalogação na Publicação (CIP)
Angélica Ilacqua CRB-8/7057

Vieira, Filipe Pereira
A interpretação psicanalítica : revisitando Klein e Winnicott / Filipe Pereira Vieira. -- São Paulo : Blucher, 2025.
226 p.

Bibliografia
ISBN 978-85-212-2581-2

1. Psicanálise 2. Klein, Melanie, 1882-1960 3. Winnicott, Donald, 1896-1971 I. Título II. Buzziol, Mário Antônio

25-0590 CDD 150.195

Índice para catálogo sistemático:
1. Psicanálise

Ao Alexandre, expresso a minha eterna gratidão.
Sem você, nada disso seria possível.

Sou um monte intransponível no meu próprio caminho.
Mas às vezes por uma palavra tua ou por uma
palavra lida, de repente tudo se esclarece.
(Clarice Lispector em *Uma aprendizagem ou O livro dos prazeres*)

Conteúdo

Agradecimentos 11

Prefácio 15
Dois estilos, duas concepções
Alfredo Naffah Neto

Prólogo 19
Winnicott e Klein: o par perfeito para uma clínica viva e atual
Alexandre Patricio de Almeida

Introdução 27
Sobre a origem da pesquisa

1. Apresentação dos casos Richard e Piggle 53

2. Breves considerações sobre a clínica de Melanie Klein: o sentido das interpretações 73

3. Breves considerações sobre a clínica de D. W. Winnicott: uma ênfase na interpretação e no manejo 135

4. Klein e Winnicott: aproximações e afastamentos na clínica psicanalítica 189

Considerações finais 215

Agradecimentos

Em primeiro lugar, agradeço ao meu companheiro, Alexandre, por ter sido o impulso que motivou esse estudo. Com você, aprendi o quão importante é se debruçar sobre a pesquisa, bem como as transformações que ela pode nos proporcionar, quando realizada com rigor. Este livro só foi possível devido às muitas "continências" que você dedicou a mim. A sua confiança – nítida em seu olhar – resultou na elaboração das minhas próprias incertezas diante desse cenário. *E quando eu senti que era um cardigã velho, debaixo da cama de alguém, você me vestiu e disse que eu era o seu favorito*. Obrigado por existir na minha vida e ser uma das razões do meu riso fácil.

Ao meu querido orientador, o prof. dr. Alfredo Naffah Neto, que me deu o seu voto de confiança quando me selecionou para ser o seu orientando. Não preciso tecer muitas considerações sobre a minha total admiração por sua didática e seu conhecimento, pois acredito que o brilho no meu olhar já evidencia isso. Tive muita sorte de viver essa experiência ao lado de um professor tão engajado em seu trabalho como orientador. Isso é um fato.

Aos meus irmãos, Thiago, André e Cleber, que desde o princípio dessa empreitada estiveram ao meu lado, acreditando no meu potencial e me estimulando a sempre seguir em frente.

Agradeço a presença implicada das minhas queridas cunhadas, Beatriz e Ludmilla, sempre cuidadosas.

Aos meus sogros, Silvania e Anselmo, sempre presentes quando a "corda aperta" fazendo um *holding* como ninguém.

Aos ouvintes do *podcast* Psicanálise de Boteco, que acompanham a minha ansiedade e me encorajam a cada devolutiva nas redes sociais. Se existe uma definição melhor de "identificação cruzada", eu desconheço.

Ao Conselho Nacional de Desenvolvimento Científico e Tecnológico (CNPq) por ter custeado essa pesquisa, agora transformada em livro, mediante a concessão de uma bolsa de mestrado vigente sob o processo n. 161589/2021-7.

À professora doutora Samantha Dubugras Sá, que colaborou com diversos apontamentos valiosos para a escrita deste trabalho.

À querida Vera Maria Guilherme, segunda leitora oficial deste trabalho, responsável por tecer comentários preciosos à expansão dele.

Às professoras doutoras Paula Regina Peron e Anna Silvia Rosal de Rosal, pelas contribuições valiosas pontuadas no meu exame de qualificação e por terem aceitado compor a banca de defesa que originou este livro.

Ao meu avô, Luiz (*in memoriam*), que mesmo tendo estudado apenas até a quarta série do ensino fundamental sempre quis que nós, seus netos, estudássemos e nos tornássemos "doutores". Vô, eu ainda não me tornei doutor, mas as suas palavras sempre me acompanham em cada fase desse processo.

À minha mãe, Marlene (*in memoriam*), por ter dedicado sua vida e sua saúde para que eu e meus irmãos tivéssemos um bom desenvolvimento emocional, abastecido de equilíbrio e segurança. Minha mãe era capaz de abdicar de algo que lhe era caro se percebesse que serviria melhor a outra pessoa mais necessitada. Esse amor livre de interesse, para mim, é a mais pura definição de amor incondicional. Como reflexo desse espelhamento aprendemos o significado das palavras: integridade, dignidade e, sobretudo, empatia.

Prefácio
Dois estilos, duas concepções

Alfredo Naffah Neto[1]

A interpretação constitui, sem dúvida alguma, a ferramenta clínica mais usada na psicanálise e a mais comum a todas as escolas psicanalíticas, muito embora a sua utilidade e as suas indicações difiram de linhagem para linhagem.

Assim, quando alguém resolve fazer, como dissertação de mestrado, uma pesquisa comparando as convergências e divergências entre dois gigantes da psicanálise: Melanie Klein e Donald Winnicott, no tocante às suas concepções e aos seus usos da interpretação no processo psicanalítico, temos de ficar agradecidos. Quando essa pesquisa é realizada a partir de dois casos clínicos completos, de psicanálise infantil, dos dois autores, a importância do trabalho torna-se ainda maior, pois é sobre o material vivo *em processo* que a pesquisa se realiza.

Pois o livro que agora lhes chega às mãos é o resultado dessa dissertação de mestrado de Filipe Pereira Vieira, que tive o prazer de orientar e foi defendida no Programa de Pós-Graduação em Psicologia Clínica da PUC-SP, em 2023.

---

1 Psicanalista. Professor titular do Programa de Estudos Pós-Graduados em Psicologia Clínica da PUC-SP e membro do IBPW e da *Internacional Winnicott Association*.

Sem querer entrar no conteúdo propriamente dito do livro, no qual esses diferentes estilos e conceções são comparados e discutidos nas suas filigranas, gostaria de, a nível de abertura, apontar algumas características das duas tradições clínicas que Klein e Winnicott abriram, e que vieram tomar forma especialmente por meio dos seus seguidores.

No primeiro grupo, autores como Hanna Segal, Herbert Rosenfeld e mesmo Wilfred Bion – na sua fase mais nitidamente kleiniana – carregaram a interpretação como ferramenta terapêutica para os mais diferentes rincões da clínica psicanalítica, incluídos aí os pacientes esquizofrênicos. Apenas à guisa de exemplo, cito Bion, na sua apresentação dos pacientes e na descrição da técnica por ele utilizada, no texto "Notas sobre a teoria da esquizofrenia":

> *O material clínico foi retirado da análise de seis pacientes: dois eram viciados em drogas, um era um caso de ansiedade obsessiva com traços esquizoides e os três restantes esquizofrênicos, que na análise apresentaram alucinações bem marcadas que perduraram por quatro a cinco anos. Desses três, dois revelaram traços paranoides acentuados e um deles, depressão. Não me afasto do procedimento analítico que costumo empregar com neuróticos, tomando cuidado para sempre considerar tanto os aspectos positivos quanto os aspectos negativos da transferência. (Bion, 1953/1967, pp. 27-28)*

Entenda-se aí, por procedimento analítico com neuróticos, o uso generalizado da interpretação: Bion a utilizava para devolver – digeridos e simbolizados – os processos de clivagem e de identificação projetiva maciça realizados pelos pacientes esquizofrênicos, de maneira metódica e minuciosa, extraindo resultados terapêuticos importantes.

Na contramão dessa forma de pensar e atuar, a clínica winnicottiana limitou bastante o uso da interpretação, utilizando-a somente com pacientes neuróticos e, em parte, com pacientes depressivos. No caso de pacientes com defesas psicóticas, como os *borderline* e os esquizoides, era utilizada apenas quando conseguiam – de alguma forma – entrar numa *neurose de transferência* com o analista, conforme tentei demonstrar num texto já publicado (Naffah Neto, 2023, pp. 270-275).

Nesse mesmo texto, levantei a questão da inutilidade da interpretação segundo a concepção winnicottiana, quando o paciente entra numa *psicose de transferência,* ou seja, numa *regressão a estágios de dependência*, na qual, segundo esse autor, a figura do analista desaparece totalmente de cena, vindo ele a *se tornar* a figura primária do paciente em questão (mãe, babá, cuidadora). Portanto, passa a ser vivenciado apenas como *objeto subjetivo,* desaparecendo inteiramente como *objeto objetivo,* ao contrário da neurose de transferência, na qual, embora ele *represente* uma figura primária do paciente, ele continua, ao mesmo tempo, sendo vivenciado como analista, numa polivalência. Assim, numa tentativa de explicar a inutilidade da interpretação nesses estados, afirmei:

> *Resumidamente, pode-se dizer que, quando regredidos a fases de dependência, os pacientes entram em* psicose de transferência, *na qual desaparece a posição dupla e simultânea do analista como* objeto subjetivo *e como* objeto objetivo, *característica da* neurose de transferência. *Na psicose de transferência, o analista é visado somente como objeto subjetivo. Também desaparece aí a dupla inscrição passado/presente: Winnicott pensa que, nessas ocasiões, o paciente* retorna *ao passado, e o analista* torna-se *efetivamente a sua mãe, em vez de simplesmente* representar *a sua mãe. Nessa condição, a interpretação não tem qualquer função discriminatória, já que objeto e tempo se tornam unívocos, perdendo toda a polivalência simbólica. (Naffah Neto, 2023, p. 97, nota 13)*

É preciso esclarecer, entretanto, que, diferentemente de Bion, a interpretação winnicottiana – quando utilizada – não se debruça sobre mecanismos de defesa psicóticos e/ou neuróticos, mas sobre a transferência, procurando discriminar tempos e figuras. Por essa razão, torna-se inoportuna na psicose de transferência.

Essas parcas considerações visam tão somente aquecer um pouco a leitura fascinante que os aguarda.

Aí a interpretação psicanalítica é descrita e discriminada com detalhes, tanto no uso kleiniano como no uso winnicottiano, sendo que – no caso de Winnicott – entra, também, em cena uma outra ferramenta clínica extremamente importante: o *manejo*.

Mas não quero lhes tirar o prazer da leitura e da descoberta, adiantando coisas demais. Gostaria apenas de lhes dizer que a pesquisa que deu origem ao livro foi realizada com extremo cuidado e esmero, por um pesquisador que se lançou de corpo e alma à tarefa.

Gostaria, pois, de dar as boas-vindas a este livro, que vem somar esforços à difícil e necessária tarefa de iluminar, cada vez mais, o nosso caminhar como psicanalistas no desvendamento da alma humana.

Abril de 2024.

Referências

Bion, W. R. (1967). Notas sobre a teoria da esquizofrenia. In W. R. Bion, *Estudos Psicanalíticos Revisados*. Imago. (Texto originalmente publicado em 1953).

Naffah Neto, A. (2023). *Veredas psicanalíticas: à sombra de Winnicott*. Blucher.

Prólogo
Winnicott e Klein: o par perfeito para uma clínica viva e atual

Alexandre Patricio de Almeida[1]

> *O Eu encontra-se enfraquecido pelo conflito interno; temos que ir em seu auxílio. É como em uma guerra civil que tem de ser decidida pelo socorro de um aliado vindo de fora.*
>
> (Freud, 1940/2016, p. 87)

Na famosa e bem escrita biografia de Melanie Klein, a autora canadense Phyllis Grosskurth apresenta uma série de passagens que contam a relação um tanto quanto ambivalente da Grande Dama da psicanálise (e seus fiéis escudeiros) com D. W. Winnicott. Ao revisitar essa obra, alguns trechos, em específico, despertaram minha atenção. Enumero-os a seguir:

1 Psicanalista. Mestre e doutor em Psicologia Clínica pela PUC-SP. Autor de diversos livros e artigos científicos, dentre eles *Perto das trevas: a depressão em seis perspectivas psicanalíticas* (Blucher, 2022) e *Por uma ética do cuidado, volumes 1 (Ferenczi) e 2 (Winnicott)* (Blucher, 2023). Publicou, recentemente, o livro *Muito além da formação: diálogos sobre a transmissão e a democratização da psicanálise* (Blucher, 2023). Membro da *International Winnicott Association* (IWA). Criador do *podcast* Psicanálise de Boteco. Atualmente, realiza um estágio de pós-doutorado na PUC-SP, trabalhando com a comparação das diferentes linhagens psicanalíticas. Em 2023, foi finalista do Prêmio Jabuti, na categoria de Ciências, com o livro *Psicanálise de boteco: o inconsciente na vida cotidiana* (Paidós, 2022).

1. *Em certa ocasião, ao levar Pearl King de carro para casa depois de uma Reunião Científica, Winnicott, quase aos prantos, exclamou: "Se ao menos a Sra. Klein reconhecesse por uma única vez que tomou uma ideia de empréstimo de outra pessoa!". O problema de Klein com Winnicott era que ele era independente demais e provavelmente não discutia os artigos com ela de antemão. Ao que tudo indica, ela achava difícil tolerar uma situação em que ele se considerava em pé de igualdade com ela. (Grosskurth, 1992, p. 400)*
2. *Winnicott levou seu artigo para a reunião editorial de 1951, na qual seria feita a escolha de artigos para a edição do septuagésimo aniversário do* Journal. *Klein quis que ele revisasse o artigo, para que incorporasse com mais clareza as ideias dela. Ele se recusou a fazê-lo; e, com o manuscrito debaixo do braço, deixou a sala desgostoso. Como disse mais tarde à esposa: "Parece que a Sra. Klein já não me considera um kleiniano". Para Melanie Klein, era o fim da cooperação entre eles; [...] Winnicott guardou afeição e admiração por ela até o fim. A posição depressiva (com modificações) constituía uma parte intrínseca do pensamento dele. (Grosskurth, 1992, p. 424)*
3. *No entanto, apesar de suas diferenças de temperamento, Winnicott se sentia enormemente atraído por ela. [...] Klein era a bailarina para quem Winnicott estava sempre oferecendo alguma coisa, que ela rejeitava com um meneio da cabeça, como que para dizer que já tinha aquilo. [...] Certa noite, em 1957, ele lançou-se num longo desabafo a respeito de suas queixas contra Klein para um membro do grupo independente. De repente, sorriu: "Mas, sabe... ela é realmente um amor!". (Grosskurth, 1992, p. 426)*

Escolhi compartilhar esses fragmentos pois eles nos fornecem uma ideia de como era a *relação pessoal* entre esses dois autores gigantes da história da psicanálise. É claro que essa visão é apenas parcial, considerando o fato de que não temos acesso aos bastidores dessas trocas, tampouco à intimidade desse vínculo. Mas, ainda assim, é possível perceber algo de muito ambivalente no contato de Klein com Winnicott e vice-versa.

Vale lembrar que, antes de se tornarem psicanalistas, esses indivíduos eram igualmente seres *humanos*, cada um com suas próprias singularidades e trajetórias de vida.

Klein era uma mulher divorciada, sem formação acadêmica, com uma vivência profundamente atravessada por lutos dolorosos. Winnicott, por sua vez, era médico pediatra, trabalhou por mais de 40 anos no *Paddington Green Hospital*, teve uma infância privilegiada, sendo bastante amado por suas duas irmãs mais velhas. São histórias diferentes que, sem dúvida alguma, exerceram uma influência direta na maneira como esses autores delinearam as suas matrizes teórico-clínicas.

Resumidamente, todo o arcabouço kleiniano se ergue a partir da premissa do instinto (pulsão) de morte (*death instinct*) que, para Klein, diferentemente de Freud, tinha uma vertente puramente destrutiva. Em contrapartida, a linhagem winnicottiana desconsidera esse conceito, criando alternativas consistentes no que tange à compreensão das raízes da agressividade. Aqui, recorro a Grosskurth novamente:

> *Clare Winnicott dizia-lhe que, desde o momento em que abriu os olhos para o mundo, ele [Donald] soube que era amado, e provocava-o dizendo que ele sofria de "benignidade". Poderiam duas pessoas ter sido mais diferentes do que Donald Winnicott e Melanie Klein? Como ele poderia acreditar em agressividade inata e em instinto de morte? Contudo, Clifford Scott afirma que, à sua maneira, Klein também era humilde, pois sabia que tinha*

> *muito a aprender. [...] Talvez a diferença entre eles fosse que Winnicott se mostrava disposto a aprender com os outros, ao passo que Klein tinha de aprender tudo por si mesma. (1992, pp. 425-426, colchetes meus)*

Independentemente desses pontos de vista, o fato é que Winnicott sempre foi grato a Klein, sabendo reconhecer as contribuições e as influências kleinianas em sua própria formação psicanalítica (Winnicott, 1962/2022).

No entanto, para desânimo de muitos defensores do pensamento democrático, essa abertura ao debate raramente aparece nos círculos psicanalíticos. Os analistas, em sua maioria, demonstram certa imaturidade para reconhecer o trabalho de colegas que não se alinham com suas preferências teóricas. Esse isolamento científico obstaculiza o diálogo e o progresso, conduzindo a um resultado contrário ao desejado: ao invés de fomentar a originalidade, cristaliza-se um dogmatismo que se perpetua mais por repetição do que por inovação.

Com isso, quero dizer que os trabalhos desses dois autores, assim como os de qualquer grande pensador, não são – e nem deveriam ser – tratados como escrituras sagradas. Embora sejam clássicos e indispensáveis para a nossa formação, eles devem estar sujeitos à crítica. Além disso, esses textos não são propriedade pessoal de ninguém; eles compõem uma espécie de acervo coletivo, por assim dizer, que constitui os alicerces fundamentais da psicanálise. Por isso é tão importante que saibamos revisitá-los a partir de uma postura crítica (e implicada).

Pois bem, é exatamente essa atitude que os leitores irão encontrar nas próximas páginas. Filipe Pereira Vieira realiza, neste livro, um estudo rigoroso do significado e da função do trabalho interpretativo para Klein e Winnicott. Para tanto, ele começa o seu percurso pelas bases, apresentando a definição do conceito de "interpretação", de acordo com a definição preconizada por Freud. Em seguida, Filipe destaca como cada um desses dois teóricos expandiu ou divergiu das ideias freudianas, trazendo à tona os desdobramentos dessas divergências na prática clínica e, também, na fundamentação epistemológica.

Nesse sentido, o autor "não dá ponto sem nó"; ele seleciona cuidadosamente duas narrativas clínicas publicadas na íntegra por Klein e Winnicott, os casos Richard e Piggle, que nos oferecem uma oportunidade única de observar suas teorias *em ação*. Filipe se concentra nesses estudos de caso não apenas para destacar as técnicas empregadas por cada autor, mas também para explorar as sutilezas de seus métodos, revelando como as diferenças se refletem no tratamento clínico. Essas divergências reforçam a importância das trajetórias pessoais de ambos os autores na formação de suas respectivas "posturas clínicas".

Ao examinar o caso Richard, Filipe descreve como Klein utilizou suas noções de fantasias inconscientes, posições esquizoparanoide e depressiva, e inveja inata para interpretar as ansiedades e defesas do jovem paciente. Já no seu texto sobre o caso Piggle, Filipe mostra como Winnicott aplicou a sua teoria do desenvolvimento emocional, enfatizando a importância do ambiente facilitador e da relação mãe-bebê na formação do verdadeiro e do falso *self*. Nessa parte do trabalho, nos deparamos com outro conceito criado por Winnicott: a noção de *manejo* – que é muito bem explicada ao longo do livro.

Essa análise cuidadosa, que integra teoria e prática clínica, esclarece os fundamentos de cada uma dessas duas correntes psicanalíticas, explorando as implicações práticas de suas diferenças e semelhanças. Filipe salienta que, ao compreender essas nuances, profissionais e estudantes de psicanálise podem *afinar* a sua escuta – tal como afinamos um instrumento musical –, ajustando-a às necessidades individuais dos analisandos, sem se prender rigidamente a dogmas ou fórmulas fixas.

Seguindo essa linha de pensamento, o autor questiona a eficácia de ambas as correntes, argumentando que uma intervenção psicanalítica pode exigir a combinação de métodos, ou, no mínimo, uma reflexão sobre quando e como cada técnica é mais adequada. Ele aponta, sem hesitação, os limites de cada teoria, incentivando uma discussão franca sobre seus méritos e limitações, algo essencial para o progresso da psicanálise e para preservar a dignidade científica da nossa disciplina – como o próprio Freud idealizava.

Filipe busca, com isso, reacender o debate sobre a necessidade de inovação na nossa área, defendendo que a verdadeira originalidade surge da capacidade de reexaminar, e, quando necessário, reformular os postulados tradicionais. Assim, este livro é um chamado à reflexão e à ação, uma exortação para que os psicanalistas contemporâneos abracem a diversidade de pensamento como uma fonte indispensável de inquietação.

Essa premissa parece óbvia, porém recentemente tive o desprazer de me deparar com a seguinte colocação feita por um colega do meu círculo pessoal: "Hoje em dia há pessoas que se autodenominam psicanalistas e parecem saber tudo sobre todas as teorias, o que me soa no mínimo incoerente, já que, para mim, é impossível alguém ser experiente em Freud, Ferenczi, Winnicott, Klein, Bion etc." Ora, uma afirmação desse calibre é justamente o oposto da proposta que Filipe apresenta, pois negar a possibilidade de um estudo comparativo entre as diversas teorias psicanalíticas é, na verdade, se prender a uma limitação imposta pelo medo de ultrapassar o conhecido.

A psicanálise, como campo do saber, sempre prosperou graças à intersecção de diferentes perspectivas teóricas. A capacidade de um psicanalista transitar entre as contribuições de Freud, Ferenczi, Winnicott, Klein, Bion e tantos outros não representa uma contradição; ao contrário, demonstra um verdadeiro comprometimento com a pesquisa e, acima de tudo, com a primazia da clínica. Longe de se tratar de uma incoerência, essa habilidade exige uma "mente aberta", típica de um pesquisador. Aliás, é justamente essa flexibilidade que garante a evolução e a relevância contínua da psicanálise. Assim, ao rejeitar a ideia de que um psicanalista pode ser versado em várias teorias, corre-se o risco de estagnar um campo que é, por essência, dinâmico e está em constante evolução.

Afirmações desse nível denunciam uma verdade incontestável: a necessidade premente de aprender a cultivar uma mentalidade mais aberta e integrativa, isto é, a "mente do analista" propriamente dita, como propôs Luís Claudio Figueiredo:

> *Conheci gente que sabia tudo de Freud, de Lacan, de Winnicott, de Melanie Klein, de Bion etc., mas não sabia ouvir e pensar, gente que nem imaginava o que fosse o trabalho da psicanálise no encontro entre inconscientes. Teorias, mesmo boas teorias, não criam os fundamentos da mente do analista. [...] Contudo, não podemos subestimar a contribuição que os estudos podem oferecer ao cultivo da função psicanalítica da personalidade. (Figueiredo, 2023, p. 210)*

Ao encorajar essa integração, estamos cultivando uma psicanálise que não só responde às transformações do presente, mas se prepara para as incertezas do futuro. É o que penso sobre a noção de "mente do analista", à qual se refere Figueiredo. Esse movimento envolve a criação de um ambiente propício à exploração de novas ideias, sempre com um rigoroso embasamento acadêmico, cabe destacar.

Annie Ernaux, ao receber o Prêmio Nobel de Literatura em 2022, salientou em seu discurso: "Esse comprometimento com a escrita [...] se sustenta na crença, tornada certeza, de que um livro pode contribuir para mudar a vida de uma pessoa, para romper a solidão das coisas sofridas e enterradas, *para pensar em si mesmo de um jeito diferente*" (2023, p. 19, grifos meus). Parafraseando a autora, eu diria que a escrita de Filipe tem o potencial de desempenhar um papel similar em nosso meio científico: ele rompe a solidão da arrogância e nos convoca a pensar em nossa conduta *de um jeito diferente*.

O livro que o leitor tem em mãos nos convida a adotar uma postura tanto crítica quanto receptiva, indo além da simples aceitação da diversidade teórica como algo dado. Ele nos incentiva a celebrar essa pluralidade, reconhecendo e respeitando as diferenças que a enriquecem.

Sem mais delongas, que possamos mergulhar neste conteúdo, que já se tornou uma referência essencial em nossa área (ainda que eu seja suspeito para dizer isso!).

Referências

Ernaux, A. (2023). *A escrita como faca e outros textos.* Fósforo.

Figueiredo, L. C. (2023). Em torno da formação do analista: como ir além da reserva de mercado. In A. P. Almeida (Org.), *Muito além da formação: diálogos sobre a transmissão e a democratização da psicanálise.* Blucher.

Freud, S. (2016). *Compêndio de psicanálise e outros escritos inacabados.* Autêntica. (Trabalho original publicado em 1940).

Grosskurth, P. (1992). *O mundo e a obra de Melanie Klein.* Imago.

Winnicott, D. W. (2022). Enfoque pessoal da contribuição kleiniana. In D. W. Winnicott, *Processos de amadurecimento e ambiente facilitador.* Ubu. (Trabalho original publicado em 1962).

Introdução
Sobre a origem da pesquisa

> *A obra de Melanie Klein é daquelas que mais contribuíram para o conhecimento do nosso ser à medida que ele é um* mal-estar, *sob seus diversos aspectos: esquizofrenia, psicose, depressão, mania, atrasos e inibições, angústia catastrófica, fragmentação do eu, entre outros. E se não nos fornece chaves mágicas para evitá-lo, ela nos ajuda a lhe dar um acompanhamento ótimo e uma chance de modulação com vistas a um renascimento, talvez.*
>
> (Kristeva, 2002, pp. 21-22, grifos da autora)

> *Em suas consultas com crianças,* Winnicott descobriu que o momento significativo era aquele em que o paciente se surpreendia. *De fato, o desenvolvimento de uma capacidade de se surpreender consigo mesmo, pode-se dizer, era uma das metas da análise winnicottiana. Uma surpresa, logicamente, frustra as expectativas tornadas possíveis por um corpo teórico. É uma liberação da submissão. A partir de seus históricos, está claro que Winnicott, enquanto analista, era capaz de se deixar persuadir por suas próprias surpresas, bem como pelas surpresas de seus pacientes.*
>
> (Phillips, 1988, pp. 34-35, grifos meus)

Em junho de 2022, a Organização Mundial da Saúde (OMS) divulgou a sua maior revisão de dados estatísticos sobre saúde mental desde a virada do século. O trabalho detalhado fornece um plano para governos, instituições, profissionais, sociedade civil, dentre outros, com a ambição de apoiar diversas ações capazes de gerar transformações efetivas para a saúde mental.[1]

Esse mesmo relatório aponta que, em 2019, quase *um bilhão* de pessoas – incluindo 14% dos adolescentes do mundo – viviam com algum tipo de transtorno mental. Além disso, o suicídio foi responsável por mais de uma em cada 100 mortes e 58% dos suicídios ocorreram antes dos 50 anos de idade (OPAS, 2022).

Além disso, há questões como a discriminação e as violações dos direitos humanos contra pessoas com problemas de saúde mental, algo comum em comunidades e sistemas de atenção no mundo todo. Para se ter uma ideia, vinte países ainda criminalizam a tentativa de suicídio. Os dados também revelam que, geralmente, a população mais pobre e desfavorecida é a que corre maior risco de problemas relacionados à saúde mental e, por consequência, a menos propensa a receber os cuidados adequados.

Somam-se a isso questões como: discriminação e violações dos direitos humanos contra pessoas com problemas de saúde mental, comuns em comunidades e sistemas de atenção em todos os lugares; vinte países ainda criminalizam a tentativa de suicídio, por exemplo. Os dados também revelam que, geralmente, é a população mais pobre e desfavorecida que corre maior risco de problemas relacionados à saúde mental e, por conseguinte, é a menos propensa a receber os cuidados adequados.

Considerando esse cenário um tanto quanto caótico e alarmante, vamos ao encontro da importância atribuída ao papel da psicoterapia

---

1 Disponível em: https://www.paho.org/pt/noticias/17-6-2022-oms-destaca-necessidade-urgente-transformar-saude-mental-e-atencao. Acesso em: 20 jun. 2023.

como um método de *intervenção, prevenção e cura* para as mais variadas manifestações de adoecimentos psíquicos. Lembremos, pois, que Sigmund Freud (1856-1939) foi a pessoa responsável por modificar os paradigmas de tratamento concernentes ao sofrimento subjetivo, desenvolvendo um método de escuta que priorizava o *discurso* dos pacientes ao invés de recorrer a procedimentos invasivos – como banhos de água fria e eletrochoques –, muito comuns em sua época.

Em um dos seus textos mais belos, escrito ainda no chamado período "pré-psicanalítico" (em 1890), o mestre de Viena nos alerta:

> *Tratamento psíquico quer dizer, antes: tratamento que parte da alma, tratamento – de distúrbios anímicos ou físicos – com meios que inicial e diretamente terão efeito sobre o anímico da pessoa. Um desses meios é, em primeira linha,* a palavra, *e palavras também são a ferramenta essencial do tratamento anímico. O leigo achará difícil entender que distúrbios patológicos do corpo e da alma possam ser eliminados por "meras" palavras do médico. Ele achará que se lhe imputa acreditar em magia. E ele não está de todo enganado; as palavras de nossos discursos cotidianos nada mais são do que magia empalidecida. (Freud, 1890/2021, p. 19, grifos meus)*

Ao articular o escrito freudiano com os apontamentos feitos anteriormente sobre a problemática da saúde mental e as resoluções da OMS, constatamos que a clínica psicológica – e, neste caso específico, a clínica psicanalítica – se configura como um espaço de encontro entre distintos saberes e *interlocuções* (Bassani, 2019). As mudanças sociais e os avanços do conhecimento em inúmeras áreas desafiam a ação psicoterapêutica, exigindo *transformações*.

Nesse sentido, o campo da pesquisa se revela um espaço propício para repensarmos nossa prática. Pois bem, confesso aos leitores que, desde o princípio da minha formação psicanalítica e das inquietações provocadas pelas trocas entre colegas, nos grupos de estudos em que participo frequentemente – coordenados pelo prof. dr. Alexandre Patricio de Almeida –, fui incentivado pelo interesse em pesquisar o uso da *interpretação* nas diferentes *linhagens psicanalíticas*, mais precisamente nas teorias de Melanie Klein (1882-1960) e Donald W. Winnicott (1896-1971).

Afinal de contas, quando devemos interpretar as *fantasias*[2] *inconscientes* dos pacientes, como nos mostrou Melanie Klein? Em quais momentos devemos manejar a condução do tratamento a fim de torná-lo mais respaldado na *ética do cuidado*, como nos recomenda Winnicott? Interrogações como estas são bem frequentes, principalmente no início da nossa prática clínica – ainda mais quando temos alguma proximidade com as teses desses dois autores clássicos.

Antes de qualquer coisa, cabe destacar que Freud – em grande parte da sua obra – enfatizou a interpretação como a *única* maneira de transformar a origem dos conflitos inconscientes. Em um dos seus primeiros livros, chamado *Estudos sobre a histeria* (1893-1895), escrito em coautoria com Josef Breuer, no capítulo 4, intitulado "A psicoterapia da histeria", a tese fundamental da teoria freudiana sobre a interpretação psicanalítica já aparece de modo bem estruturado. Vejamos:

> *Tais experiências deram-me a impressão de que seria de fato possível trazer à luz, por mera insistência, as séries*

---

2 Aqui, julgo importante salientar que há um erro na tradução brasileira do vocábulo "fantasia" nas obras de Melanie Klein. "O PH inicial vem sublinhar como os kleinianos entendem a fantasia ou o phantasma, que são sempre inconscientes, nada tendo em comum com o devaneio ou com o sonho diurno [...]. Consultado, Elias Mallet da Rocha Barros justifica esse erro por simples problema com a gráfica, que corrigiu PH por F, e os editores ulteriores mantiveram o erro, perpetuando o engano entre os kleinianos brasileiros" (Prado, 2021, p. 200, grifos meus). Explicado o erro de tradução do conceito aqui no Brasil, optarei, nesse sentido, por escrever *fantasia* de acordo com a tradução brasileira.

> *de ideias patogênicas que sem dúvida havia. E como essa insistência custava-me esforço e sugeria-me a interpretação de que eu tinha uma resistência a vencer, esse estado de coisas prontamente converteu-se para mim na teoria* de que através do meu trabalho psíquico tinha de vencer uma força psíquica que se opunha, no paciente, a que as ideias patogênicas se tornassem conscientes (fossem lembradas). *(Freud, 1893-95/2016, p. 377, grifos meus)*

Alguns anos depois, no texto "O método psicanalítico de Freud" (1904), produzido para compor as definições de um verbete em uma enciclopédia médica, o pai da psicanálise afirma que o conteúdo reprimido só ganhará representação após a *superação* de determinadas resistências, por meio do uso das interpretações. Cito-o:

> *Com base nisso, Freud desenvolveu uma* arte da interpretação, *que tem a tarefa de, por assim dizer, extrair do mineral bruto das ideias não intencionais o metal dos pensamentos reprimidos. O objeto desse trabalho interpretativo não são apenas os pensamentos espontâneos dos pacientes, mas também seus sonhos, que permitem o acesso mais direto ao conhecimento do inconsciente, seus atos não intencionais, não planejados (atos sintomáticos) e os erros nas ações cotidianas (lapsos de fala, confusões etc.). [...] São, conforme ele indicou, uma série de regras, obtidas empiricamente, de como o material inconsciente pode ser construído a partir dos pensamentos espontâneos, instruções sobre como entender o fato de os pensamentos não ocorrerem, e observações sobre as resistências típicas mais importantes que se apresentam no curso de um tratamento desses. Um volumoso livro sobre a "Interpretação dos sonhos", publicado por Freud em 1900, pode ser visto como precursor de tal introdução à técnica. (Freud, 1904/2016, p. 326, grifos meus)*

Ou seja: nesse primeiro momento, o grande ofício do psicanalista consistia em ouvir, compreender e *interpretar* as resistências, a fim de abrir passagem para o conteúdo recalcado chegar à consciência, bem como nos afirmou o mestre de Viena: "Interpretar significa encontrar um sentido oculto" (Freud, 1916/2014, p. 115).

Dando um salto no tempo, mais precisamente em 1937, ano em que Freud escreve o texto "Construções na análise", o autor inicia esse ensaio com as seguintes palavras:

> *Um estudioso de grande mérito, que sempre tive em alta conta por haver tratado com justiça a psicanálise, numa época em que a maioria dos outros ignorava tal obrigação, manifestou certa vez, porém, uma opinião ao mesmo tempo ofensiva e injusta sobre a técnica psicanalítica. Disse que, quando oferecemos a um paciente uma de nossas interpretações, agimos com ele segundo este famigerado princípio:* Heads I win, tails you loose *[Cara, eu ganho; coroa, você perde]*. Ou seja, quando o paciente concorda, está tudo certo; quando ele discorda, porém, trata-se apenas de um sinal de resistência, o que também nos dá razão. *Dessa maneira, sempre temos razão diante do pobre coitado que analisamos, qualquer que seja sua resposta ao que dizemos. (Freud, 1937/2018, p. 328, grifos meus)*

Como podemos notar no trecho citado acima, Freud, atento ao desenvolvimento da psicanálise, critica a postura vertical do psicanalista, em que um "manda" (o analista) e o outro "obedece" (o paciente). No mesmo ensaio, ele retoma princípios fundamentais da prática clínica:

> *Que material ele [o paciente] nos coloca à disposição, que possamos utilizar para levá-lo ao caminho da recuperação das lembranças perdidas? Diversas coisas: fragmentos*

> *dessas lembranças nos sonhos, de valor incomparável em si, mas normalmente muito deformados por todos os fatores que participam da formação do sonho; pensamentos que ele produz ao se entregar à "livre associação", nos quais podemos encontrar alusões às vivências reprimidas e derivados dos afetos suprimidos, assim como das reações a eles; e, por fim, indícios de repetições dos afetos pertencentes ao material reprimido, em atos importantes e irrelevantes do paciente, dentro ou fora da situação analítica. Nossa experiência mostrou que a* relação de transferência, *que se estabelece com o analista, é particularmente adequada para promover o retorno de tais vínculos afetivos. Dessa matéria-prima – digamos assim – devemos extrair o que buscamos. (Freud, 1937/2018, p. 329, grifos e colchetes meus)*

Nesse sentido, caso o analista assuma uma posição demasiadamente autoritária e assertiva, reconhecendo as discordâncias dos pacientes apenas como meras resistências, a *transferência* possivelmente ficará comprometida, uma vez que a figura do analista, nesse contexto, pode representar uma espécie de "lei" que não permite questionamentos. Nessas condições, o profissional, sem se dar conta, estaria dificultando o processo de "livre associação"[3] – uma das regras fundamentais da psicanálise.

Existiria, então, outra maneira de fazer análise senão unicamente por meio das interpretações? Ainda no artigo de 1937, Freud propõe um modelo de tratamento mais orientado pelas *trocas* entre analista-analisando do que puramente na *interpretação* do conteúdo inconsciente para o consciente. Com efeito, as interpretações passam a ser usadas não apenas de maneira assertiva, mas também como

3 A "livre associação" pode ser compreendida, de forma geral, por meio da famosa expressão que Freud (1900) repetia aos seus pacientes no começo de qualquer tratamento psicanalítico: "Fale-me o que vier à cabeça, sem censura e sem restrições".

possíveis comunicações que se estabelecem a partir de uma interação *intersubjetiva* – afinal, na prática analítica, são dois inconscientes que se comunicam e, portanto, não seguem a lógica da verticalidade.

Em resumo, ao percorrer a obra freudiana, é possível encontrar ensaios que evidenciam um tratamento analítico mais norteado pelo método interpretativo dos conteúdos inconscientes (intrapsíquicos) – como ocorre, principalmente, no registro de seus casos clínicos iniciais, como o caso Dora, o pequeno Hans, o Homem dos Ratos, entre outros. Por outro lado, em seus textos mais tardios, nos deparamos com uma maior ênfase das *construções* em análise – o que desvela uma perspectiva mais *intersubjetiva* da prática clínica, conforme mencionei. Cito Freud:

> *O analista conclui um pedaço de construção e o transmite ao analisando, para que tenha algum efeito sobre ele; em seguida, constrói mais um pedaço, a partir do novo material que flui, age da mesma forma que esse, e prossegue nessa alternância até o fim. Se, nas exposições sobre a técnica analítica, escuta-se pouco a palavra "construções", a razão disso é que, em vez dela, fala-se de "interpretações" e de seus efeitos.* Mas penso que construção é a denominação mais adequada. *(Freud, 1937/2018, pp. 332-333, grifos meus)*

Ainda que o mestre de Viena não tenha se referido ao termo de maneira literal, notamos, imbuído no sentido de *construção*, aquilo que foi denominado em nossa disciplina de "relações objetais" (ver Gurfinkel, 2017; Greenberg & Mitchell, 1983). Trata-se, pois, de um fenômeno que inclui a *troca* e a *dinâmica* do movimento instintual (pulsional) como um tipo de equação que se dá entre o paciente e o analista. À guisa de maior compreensão, cito Fulgencio e Gurfinkel:

> *[...] a expressão "relações de objeto" tem como principal vocação pensar os diversos modos de relacionamento que o sujeito estabelece com os outros, consigo mesmo, com o desejo, com a sexualidade e com os impulsos agressivos, e sempre em uma dialética delicada entre o intrapsíquico – espaço das instâncias tópicas do modelo metapsicológico freudiano, espaço da fantasia inconsciente, dos objetos internalizados e de tantas outras formações fantasmáticas e imaginárias, e* locus *dos diversos mecanismos e funções psíquicas descritas pela psicanálise – e o campo intersubjetivo. De modo mais simples, podemos dizer que, em psicanálise, as relações humanas são pensadas,* grosso modo, *utilizando-se da noção de relações de objeto. (2022, pp. 7-8)*

Nessa perspectiva, é importante mencionar que Karl Abraham (1924) desempenhou um papel essencial no desenvolvimento da compreensão das chamadas *relações objetais* na teoria psicanalítica, inspirando autores como Melanie Klein e Ronald Fairbairn a partir da fundamentação das suas ideias. "Trabalhando dentro da estrutura da teoria de instintos sexuais de Freud, Abraham (1924) atribuiu maior importância do que Freud ao *papel do objeto no desenvolvimento da libido* e deu maior ênfase ao papel da *fantasia inconsciente* na vida psicológica" (Ogden, 2017, p. 143, grifos meus).

Vale salientar que o conceito de fantasia inconsciente foi amplamente trabalhado na psicanálise, desde seus primórdios. No livro *Estudos sobre a histeria* (1895), por exemplo, Breuer relata que:

> *[...] O excesso de atividade e energia psíquica que, inutilizado na vida familiar monótona e sem trabalho intelectual apropriado, se* descarrega em contínuo trabalhar da fantasia *e produz [...] o habitual sonhar acordada ("teatro*

> *particular"), com o qual é criada a base para a dissociação da personalidade mental. (Breuer, 1893-95/2016, p. 68, grifos meus)*

Pois bem, assumidamente inspirada por Abraham, Melanie Klein foi uma das maiores autoras que se dispôs a estender e a difundir as *relações de objeto*, debruçando-se sobre o funcionamento das *fantasias inconscientes* e de que modo elas exerciam consequências significativas ao desenvolvimento infantil (e adulto). Seu arcabouço teórico foi amplamente desenvolvido com base nessa premissa.

Segundo o *Novo dicionário do pensamento kleiniano* (2011):

> *Na teoria kleiniana as fantasias inconscientes estão subjacentes a* todos *os processos mentais e acompanham* toda a atividade mental. *Elas são a representação mental daqueles eventos somáticos no corpo que compreendem os instintos, e são sensações físicas interpretadas como relações com objetos que causam essas sensações. A fantasia é a expressão mental tanto dos impulsos libidinais como dos impulsos agressivos, assim como dos mecanismos de defesa contra tais impulsos. [...] Klein adotou a sua ideia de fantasia inconsciente, mas alargou-a consideravelmente porque o seu trabalho com crianças lhe deu uma vasta experiência do amplo conteúdo das fantasias infantis. [...] as fantasias são consideradas como uma capacidade básica subjacente e modeladora do pensamento, sonhos, sintomas e padrões de defesa. (Spillius et al., 2011, p. 3, tradução e grifos meus)*

A partir da análise de crianças pequenas, Klein conseguiu nomear as ansiedades inconscientes dos seus pacientes, colaborando para o desenvolvimento da teoria e da clínica psicanalítica. Suas descobertas serviram de inspiração para diversos autores, dentre eles D. W. Winnicott.

Podemos dizer, sem dúvida alguma, que a técnica psicanalítica avançou consideravelmente com essas descobertas. Melanie Klein e D. W. Winnicott produziram contribuições de enorme relevância sobre o universo infantil. Nesse sentido, é relevante resgatar aqui a ideia de que Freud encontrou a *criança* no adulto, enquanto Klein encontrou o *bebê* na criança. Esses autores mostraram, com as suas pesquisas, que os nossos maiores conflitos inconscientes são erigidos na infância. Logo, o trabalho analítico é, em grande medida, um *encontro com o infantil*, como indaga Pontalis (1979):

> *Essa referência é tão evidente que a indagação pode parecer estranha: acaso a psicanálise não é, em seu próprio princípio, tanto na teoria quanto na prática, inteiramente movida pela crença, sempre confirmada, de que* aquilo que chamamos "adulto" – *aliás, com hesitação cada vez maior* – é modelado de uma ponta a outra pelos conflitos, traumas, fantasias e desejos da criança? *(Pontalis, J.-B., 1979, n.p., tradução minha)*

Outro aspecto importante a enfatizar: embora Freud tenha criado as bases que fundamentam nossa disciplina, seu foco era evidenciar a eficácia da psicanálise no tratamento das *neuroses*, assinalando suas respectivas ressonâncias no psiquismo – ainda que tenha contribuído para a compreensão da etiologia das psicoses, como podemos ver em sua análise do relato autobiográfico de Schreber (1911). Além disso, Freud não aconselhava a terapia psicanalítica para pacientes psicóticos – tampouco a recomendava para indivíduos que não fossem neuróticos. Vejamos o que o autor declara sobre essa temática:

> *Os mais favoráveis, para a psicanálise, são os casos crônicos de psiconeuroses com sintomas pouco violentos ou perigosos, ou seja, primeiramente todas as espécies de neurose*

> *obsessiva, e casos de histeria em que têm papel principal as fobias [...]. A pessoa que quiser submeter-se proveitosamente à psicanálise deve satisfazer vários requisitos. Primeiro, precisa ser capaz de ter* um estado psíquico normal *[...]. (Freud, 1904/2016, pp. 328-329, grifos meus)*

Todavia, o próprio mestre de Viena afirmou, alguns anos depois: "essa prática revelou-se a única adequada para a *minha individualidade*. Não me atrevo a contestar que uma personalidade médica de outra constituição seja levada a preferir uma outra atitude ante os pacientes e a tarefa a ser cumprida" (Freud, 1912/2010, p. 148, grifos meus).

Como podemos notar, Freud cultivou um terreno fértil para novas descobertas. E foi assim que, alguns anos mais tarde, por meio de minuciosas observações, Klein e Winnicott compreenderam o desenvolvimento do ego de formas bastante distintas. Eles descreveram a etiologia da neurose e da psicose por vértices diferentes, apresentando teorias, técnicas e exemplos de interpretação psicanalítica peculiares a cada condição psicopatológica.

A fim de engrossar o caldo do nosso debate, recorro a uma citação de Forlenza Neto:

> *Winnicott sofreu forte influência kleiniana. Ambos tratam do relacionamento bipessoal (mãe-bebê) a partir dos desenvolvimentos kleinianos. Em nosso trabalho clínico, ele é o "interlocutor" de Melanie Klein, concordando, divergindo e criando. Ao contrário de Melanie Klein, sua obra é menos sistematizada, talvez por sua natureza mais clínica que metapsicológica, talvez porque ele mesmo fez questão de deixá-la aberta, intrigante, paradoxal, indagativa como o próprio ser humano, talvez para que possamos criar a partir de seu legado. (Forlenza Neto, 1995, p. 149)*

A seguir, descrevo a razão que me impulsionou a trabalhar com esse tema de investigação e apresento aos leitores a definição do meu problema de pesquisa – aspectos centrais para a elaboração deste livro.

Por que trabalhar com a comparação de linhagens psicanalíticas? Definindo o problema de pesquisa

Confesso aos leitores, de antemão, que uma passagem emblemática de autoria do professor Renato Mezan, publicada no seu clássico livro *O tronco e os ramos*, me levou a delinear os rumos dessa escrita. Cito-a na íntegra:

> *Todo estudante de psicanálise, num momento ou noutro de sua trajetória, vem a experimentar uma curiosa sensação de vertigem. Tendo deixado para trás aquele momento feliz no qual, em virtude da ignorância recém-desvirginada, acreditava ser possível formar sem muita dificuldade um quadro coerente da teoria psicanalítica, defronta-se um belo dia com a constatação escandalosa:* os psicanalistas não falam a mesma língua! *[...] Não é improvável que, diante da dificuldade, recorra ao procedimento de reduzir ao mínimo denominador comum as diferentes maneiras de definir o conceito e de operacionalizá-lo, ou seja,* tentará fazer com que os vários autores consultados acabem por dizer a mesma coisa. *(Mezan, 2014, p. 21, grifos meus)*

Acredito que não haveria maneira mais precisa de iniciar esse item, pois é provável que todo estudante de psicanálise já tenha experienciado essa grande "confusão conceitual" ao menos uma vez em sua trajetória. Ocorre que, na tentativa de promover certo *diálogo e coerência* entre os autores, podemos cometer o deslize de fazer com que eles digam exatamente a *mesma coisa*, anulando as singularidades que estruturam as bases epistemológicas e clínicas de um pensamento específico.

Entretanto, a pergunta que nos salta aos olhos é: por que um conceito, de nome idêntico, é explicado de formas divergentes por outros autores do universo psicanalítico?

Para responder a essa questão, é essencial que nos aprofundemos na história da psicanálise – o que farei agora de modo breve –, mergulhando mais especificamente no tema da: "Era das Escolas" (Mezan, 2014). Optei por esse recurso pois, a meu ver, a localização e a compreensão de alguns desdobramentos metapsicológicos tornam-se mais claras quando refletimos sobre eles de maneira cronológica.

Mezan (2014) propõe *quatro* importantes períodos da história da psicanálise, sendo eles, respectivamente:

1. O período de 1895 até 1918 foi datado como o momento que demarcou o início do pensamento psicanalítico com a publicação do livro *Estudos sobre a histeria* (1895); a redação do "Projeto de uma Psicologia Científica"; e a "Interpretação do sonho de Irma" (1895). Nesse momento, Freud escreveu textos que serviram – até os dias de hoje – como fundamento de sua disciplina nas quatro vertentes que a compõem, ou seja: a *metapsicologia,* a *teoria do desenvolvimento,* as *psicopatologias* e a *teoria do processo analítico.* Com um arcabouço teórico tão relevante e inovador, Freud conquistou muitos discípulos formando, posteriormente, o *núcleo do movimento analítico,* consolidado com a fundação da *International Psychoanalytical Association* (IPA), em 1911. Esses seguidores passaram a escrever artigos com o propósito de disseminar as ideias de Freud; organizaram associações psicanalíticas em diversos países, mas não realizaram contribuições capazes de se igualar às produções do pai da psicanálise. "Isso não quer dizer que sejam pouco valiosas: significa apenas que elas se inscrevem na *filiação direta* do pensamento de Freud, sem infleti-lo em

direções cujo desenvolvimento pudesse *resultar em tendências ou escolas psicanalíticas* [...]" (Mezan, 2014, p. 49, grifos meus). A psicanálise manteve-se nessa configuração até meados de 1920, quando a evolução pessoal dos principais discípulos de Freud e a experiência das chamadas "neuroses de guerra" tiveram como consequência uma grande alteração desse panorama, o que nos coloca diante de um novo momento na psicanálise.

2. A era de 1918 até 1939 foi definida por Mezan como o segundo tempo da história da psicanálise. De acordo com o autor, essa fase caracterizou-se pela presença simultânea de Freud, que continuou a construir suas ideias – além de introduzir nelas alterações significativas –, "*e de fatores cuja operação conjunta tende a favorecer a existência de focos de produção psicanalítica autônomos*, embora ainda não suficientemente organizados para que possa se falar de tendências ou escolas claramente diferenciadas" (Mezan, 2014, p. 49, grifos meus). Com isso, evidentemente, debates importantes sobre questões teóricas passaram a ocorrer dentro da psicanálise, dentre eles, fatores de ordem clínica. A teoria psicanalítica, até aqui, havia se estendido às patologias investigadas por Freud, como a *teoria do sonho* e o *estudo das neuroses*. O contexto em questão exigiu novos enquadramentos, além de novas abordagens, o que suscitou, obviamente, as mais variadas discussões. Fatores de ordem institucional também foram revistos, por exemplo: a formação psicanalítica deveria ser restrita a médicos ou aberta a não médicos? Embora o peso da opinião de Freud fosse considerável no avanço de sua ciência, já não era tão decisivo como antes, o que possibilitou a abertura de novas formas de pensamento. A disseminação das ideias freudianas, apresentada a países exteriores à sua área de nascença – somadas à *cultura* de cada contexto – forneceu, portanto, o surgimento de diferentes vertentes de interpretação da obra do mestre de Viena. Dessa forma, a psicanálise passou a ser estudada e ampliada com

base em um conjunto de noções, período ou estilo daquilo que já havia sido produzido. "A princípio pouco evidentes, esses matizes de interpretação vão fazer surgir aos poucos o *Freud americano*, o *Freud kleiniano*, o *Freud húngaro*, todos reivindicando com maior ou menor veemência a exclusividade da leitura correta daquilo que em breve se poderá chamar de 'herança' freudiana" (Mezan, 2014, p. 51). *Difundidos novos meios de compreensão do funcionamento psíquico, as ideias de Freud já não eram aceitas de comum acordo*; conceitos como "instinto de morte" ou "desenvolvimento da sexualidade" passaram a ser analisados e compreendidos de maneiras diferentes das apontadas inicialmente pelo mestre de Viena. Essa segunda era psicanalítica chegou ao seu fim no decorrer da década de 1930. Em 1939, Freud faleceu.

3. Mezan (2014) salientou que o período de 1940 até aproximadamente 1975 foi concebido como a "Era das escolas". Com o falecimento de Freud e a diversidade de pensamentos já erigidos entre os anos 1918 e 1939, viabilizaram-se, então, embates institucionais em torno de autores centrais do campo psicanalítico. "[...] pode-se dizer que se organizam quatro grandes correntes: a *psicologia do ego*, a *tendência kleiniana*, *a escola das 'relações de objeto'* e o *lacanismo*, que seguem trajetórias próprias, como que desdobrando as potencialidades contidas em seus respectivos focos teóricos e clínicos" (Mezan, 2014, p. 52, grifos meus). Nesse momento, cada vertente permaneceu focada em investigar, ampliar e disseminar as suas ideias, sem muita comunicação com outras linhas de pensamento psicanalítico. Cada escola, com a sua devida "herança freudiana", seguiu o seu desenvolvimento individual até meados da década de 1970 – momento em que morreram alguns de seus principais líderes –, abrindo espaço para alguma comunicação entre autores de diferentes linhagens psicanalíticas. Concomitantemente, chegou à maturidade um

grupo de analistas cujas construções teórico-clínicas dificilmente se enquadravam nas *divisões* que prevaleciam na era das escolas.

4. Sobre o período que se inicia em 1975/1980 até os dias de hoje, Mezan (2014) afirmou a edificação de *duas vertentes* no contexto psicanalítico: a primeira parecia prolongar o período das escolas, como se a *integração* que ocorreu em 1970 jamais tivesse existido. Assim, encontramos até a atualidade psicanalistas ortodoxos de todas as linhagens, adversos a toda e qualquer ideia que se contraponha à sua forma singular de raciocínio psicanalítico. Por outro lado, a segunda vertente foi constituída por diversos autores que têm em comum a *pluralidade*; são aqueles que transitam por diversos saberes teórico-clínicos e, a partir do conhecimento adquirido, constroem o seu próprio pensamento. Alguns exemplos "estrangeiros" desse último modelo são: André Green, Joyce McDougall, Thomas Ogden, Antonino Ferro, entre outros. Há, também, autores que optaram por uma trajetória própria, mas sem se afastar tanto à margem das escolas institucionalizadas, como Conrad Stein, Piera Aulagnier, Wilfred Bion, Heinz Kohut, Christopher Bollas, entre outros.

Em suma, após a partida de Freud, o mundo psicanalítico testemunhou o surgimento de um movimento dogmático, intensamente impulsionado pelos líderes das principais correntes teóricas – o que ficou conhecido como a "Era das Escolas". Este ímpeto em disseminar a "verdadeira psicanálise" não surgiu como um mero acaso, mas como um reflexo da complexa tarefa de manter a integridade de uma doutrina em constante evolução. Ora, hoje sabemos que a multiplicidade de interpretações sobre um único fenômeno psicanalítico não é uma ocorrência fortuita. Essa diversidade é o resultado direto da transformação do pensamento freudiano ao longo dos tempos, respondendo às dinâmicas de cada contexto histórico, social e cultural.

No entanto, é crucial reconhecer a complexa teia de conexões que sustenta a teoria psicanalítica. Ao isolarmos fragmentos teóricos sem considerar suas inter-relações, corremos o risco de diluir a essência da psicanálise e, por conseguinte, sua singularidade, que se revela sob a ótica dos seus grandes autores. A nossa disciplina, vale ressaltar, oferece uma matriz de compreensão profundamente enraizada na interação de suas várias partes. Ignorar essa condição pode levar a interpretações simplistas ou descontextualizadas, comprometendo a integridade e a eficácia do tratamento psicanalítico.

Portanto, selecionar partes isoladas da teoria sem que estas dialoguem entre si para formar um todo coeso não é apenas uma ação arriscada, mas também potencialmente redutora. Ela ignora a natureza orgânica do pensamento de Freud, que é eminentemente interconectado e multidimensional – características que certamente se aplicam aos demais pensadores clássicos (como Ferenczi, Klein, Winnicott, Bion e Lacan, por exemplo). A riqueza da psicanálise reside justamente em sua pluralidade – atributo que, paradoxalmente, a torna tão singular.

Ou seja: o risco de se criar uma "psicanálise eclética", com ausência de profundidade e rigor – que passa brevemente pelos autores sem o devido aprofundamento –, pode ser uma prática leviana e, eu diria, também imprudente.

Seguindo nessa esteira, cabe dizer que nem sempre um determinado autor da chamada "Escola Inglesa de Psicanálise" irá dizer exatamente a *mesma coisa* que outro igualmente pertencente a essa mesma linhagem. Neste ponto, vamos ao encontro do escopo da minha pesquisa, pois essa característica pode ser facilmente atribuída ao pensamento de Klein e Winnicott. Isto é: ambos são autores que, embora tenham sido contemporâneos e tido uma convivência próxima – Klein foi supervisora de Winnicott por quase sete anos e Winnicott foi analista de um dos filhos da autora –, cada um possui a sua especificidade, que se diferencia em inúmeros aspectos; a começar pela própria concepção de psiquismo e de desenvolvimento primário – assunto que irei abordar nos primeiros capítulos deste livro.

Por outro lado, considero que a clínica deve ser sempre *soberana*, exigindo do analista um pensamento próprio, que vai se costurando diante da queixa e da demanda de cada paciente que nos procura. Contudo, isso precisa ocorrer por meio da construção de uma sólida *base teórica*, capaz de indicar qual técnica interpretativa é a mais adequada para cada situação – o que certamente exige um longo percurso de estudos, análise pessoal e supervisão.

A meu ver, o conhecimento a respeito do sentido da *interpretação* e a fundamentação teórica desses dois autores podem nos servir de referência para a *condução* e o *tratamento* das múltiplas demandas que chegam aos nossos consultórios, tendo em vista os desafios impostos pela contemporaneidade – evidenciados no início desta pesquisa. Em contrapartida, colocar essas duas linhagens teóricas (kleiniana e winnicottiana) no mesmo patamar, ou simplesmente agrupá-las em um único conjunto, representa uma atitude que tende a gerar *prejuízos*, tanto para a clínica quanto para a pesquisa.

Por fim, estou de acordo com Ogden (2017) quando ele salienta que: "Quanto mais significativa for a contribuição, mais radicalmente (e de forma mais interessante) o problema epistemológico é transformado" (p. 12). Sendo assim, não pretendo demonstrar qual seria a "melhor" ou a "pior" técnica (e teoria), tampouco enalteço o trabalho de um autor em detrimento do de outro – como, infelizmente, observamos em nossa comunidade científica.

Admito aos leitores, mais uma vez, que a escolha dos autores para a realização deste trabalho se deve unicamente ao fato da minha forte identificação com as suas respectivas obras e, também, ao meu interesse de compreender o crescimento de suas ideias. Por meio da *comparação de linhagens* almejo promover um debate capaz de gerar frutos, essencialmente no que se refere à prática clínica. Diante disso, introduzo as seguintes questões:

Em quais aspectos a técnica interpretativa de Melanie Klein se aproxima da noção de interpretação utilizada por Winnicott,[4] a ponto de notarmos certas semelhanças? Ou, sob outro enfoque, em que momentos o sentido e o uso das interpretações se afastam totalmente uns dos outros, sendo praticamente inconcebível aproximá-los em um mesmo relato psicanalítico?

Estas são as perguntas norteadoras da minha pesquisa, que irão nos acompanhar implicitamente ao longo das próximas páginas.

Algumas palavras sobre o método

Na intenção de tentar responder a essas indagações e endossar os meus argumentos, escolhi trabalhar com trechos *cuidadosamente selecionados* de dois grandes casos clínicos, publicados na íntegra por Klein e Winnicott: o caso Richard, apresentado no livro *Narrativa da análise de uma criança* (Klein, 1961/1994), e o caso Piggle, descrito na obra *The Piggle: relato do tratamento psicanalítico de uma menina* (Winnicott, 1977/1987).

Fazendo menção a um escrito de Marion Minerbo (2004), afirmo que assumi uma "postura analítica" diante desses textos, ou seja, tive que tomar em consideração a minha estranheza frente a uma série de conceitos, aprendendo a reconhecer o estilo da escrita, do pensamento e da clínica de Klein e de Winnicott. Trajetória que, por sua vez, me conduziu a outros autores que também se dedicam ao estudo desses dois

---

4 Saliento, contudo, que de acordo com a teoria proposta por Winnicott, a interpretação não é o que define – de imediato – a tarefa analítica. Isso vai depender, em grande escala, do grau de amadurecimento de cada paciente. Dessa forma, o autor muitas vezes *maneja* a situação analítica conforme o *desenvolvimento maturacional* de cada analisando. Explico melhor essa temática no terceiro capítulo deste livro, mais precisamente no item "A função do diagnóstico psicanalítico e o manejo winnicottiano".

grandes pensadores da nossa disciplina. O meu trabalho se enquadra, portanto, nos moldes de uma "pesquisa teórico-clínica".

Nesse sentido, tomo como ponto de partida a seguinte citação de Almeida e Naffah Neto (2020):

> *O que queremos dizer com isso é que, para que uma pesquisa psicanalítica possa ser bem avaliada, ela, inevitavelmente, precisará seguir o rigor delineado pelo corpo que estrutura o projeto, ou seja, ser composta por um problema específico que busque elucidar alguma questão teórica e/ou técnica; por uma metodologia que possa lançar luz sobre a questão proposta; por uma avaliação ética – quando envolver seres humanos; e, sobretudo, por uma escrita muito bem formulada, clara e coesa. (Almeida & Naffah Neto, 2020, p. 25)*

Com base nesse trecho e na premissa central da minha investigação, pude pensar em outras perguntas: quais aspectos aproximam e afastam a compreensão da interpretação clínica na perspectiva kleiniana e winnicottiana? Exemplos da técnica interpretativa, realizada por Klein e Winnicott, nos casos Richard e Piggle, respectivamente, evidenciam possíveis ressonâncias e dissonâncias entre as ideias desses dois autores?

Meus questionamentos correspondem ao que Naffah Neto (2006) nomeou de "fundamentos da psicanálise". Vejamos:

> *São, na verdade, pesquisas fundamentais — que investigam os* fundamentos *— ou pesquisas interdisciplinares, bastante importantes, na medida em que podem questionar, colocar em xeque e rever os próprios alicerces sobre os quais a psicanálise se assenta, ou as formações sociais/culturais com as quais se articula. (Naffah Neto, 2006, p. 282, grifos do autor)*

Sendo assim, realizo aqui uma *revisão bibliográfica*, cujo objetivo central é o de "questionar, colocar em xeque e rever os próprios alicerces[5] sobre os quais a psicanálise se assenta" (Naffah Neto, 2006, p. 282).

A estrutura do livro

No primeiro capítulo, para facilitar o entendimento dos leitores, realizo uma "apresentação geral" dos casos Richard e Piggle, que servirão de apoio para fundamentar a técnica interpretativa de Klein e Winnicott ao longo do trabalho. Justifico também a razão que me levou a escolher essas narrativas, apresentando uma contextualização histórica de ambas.

No segundo, teço algumas considerações sobre a teoria e a clínica kleinianas, descrevendo as suas ideias principais. Para fins didáticos, organizo esse estudo em três partes: 1) "A repressão da sexualidade e as suas implicações no brincar infantil"; 2) "O desenvolvimento psíquico para Melanie Klein a partir da teoria das posições"; e 3) "A descoberta da inveja inata".

Adentrando o terreno winnicottiano, apresento, no terceiro capítulo, os pilares da "teoria do desenvolvimento maturacional de D. W. Winnicott" – indispensável para entendermos os fundamentos da clínica deste autor. Por conta das questões apresentadas no caso Piggle, atribuo uma maior ênfase ao "estágio da concernência" (*stage of concern*) – ou "estágio da consideração", conforme as últimas traduções realizadas pela editora Ubu (que servem de base para a escrita desse trabalho devido à sua qualidade de revisão e tradução). Em seguida, dedico algumas palavras à função do diagnóstico para Winnicott, assinalando o papel do manejo (*management*) e o uso da interpretação.

5 Uso, aqui, a palavra "alicerce" no seu sentido metafórico, e não relacionado ao campo filosófico.

No quarto capítulo, descrevo o "resultado" dessa investigação. Ou melhor, demonstro algumas aproximações e afastamentos existentes na técnica interpretativa kleiniana e winnicottiana. Longe de tecer quaisquer conclusões, elaboro uma espécie de quadro comparativo, considerando a "postura analítica" exercida por ambos os autores.

Muito embora este livro se dedique a pesquisar o significado e o uso da "interpretação psicanalítica" para Klein e Winnicott, saliento que estou longe de encerrar a discussão que, certamente, escapa das linhas que delimitam essa empreitada. Conforme mencionado anteriormente, é necessário recordar que a clínica é *sempre* soberana e, nesse sentido, é a clínica que determina a *técnica* que devemos utilizar, desde que estejamos fortemente amparados pela teoria. Há uma frase de Winnicott que se relaciona perfeitamente com o que estou tentando explicitar: "Faço análise porque é isso que o paciente precisa ter feito e concluído. Se o paciente não necessita de análise então faço alguma outra coisa" (Winnicott, 1962/2022, p. 212).

Espero, por fim, que este trabalho possa contribuir para profundas reflexões, desfazendo mal-entendidos e reducionismos, à medida que revisitamos o legado deixado por esses dois autores clássicos, imprescindíveis aos desafios que atravessam a prática clínica contemporânea.

Desejo a todas e todos uma boa leitura!

Referências

Abraham, K. (1988). A short study of the development of the libido, viewed in the light of mental disorders. In K. Abraham, *Selected Papers on Psychoanalysis*. Routledge. (Texto original publicado em 1924).

Almeida, A. P. & Naffah Neto, A. (Orgs.). (2020). *A pesquisa em psicanálise na universidade: um enfoque no método por meio de exemplos*. EDUC.

Bassani, M. A. (2019). Psicologia ambiental e psicologia clínica: pesquisa e desafios teórico-metodológicos. In I. Kublikowski, E. M. S. P. Kahhale & R. M. Tosta (Orgs.), *Pesquisa em psicologia clínica: contexto e desafios*. EDUC.

Breuer, J. (2016). Casos clínicos. In S. Freud, *Obras completas* (vol. 2). Companhia das Letras. (Texto original publicado em 1895).

Forlenza Neto, O. (1995). Winnicott e Melanie Klein. In J. Mello Filho & A. L. M. L. Silva (Orgs.), *Winnicott: 24 anos depois*. Revinter.

Freud, S. (2021). Tratamento psíquico (tratamento anímico). In S. Freud, *Obras incompletas* (vol. 6). Autêntica. (Texto original publicado em 1890).

Freud, S. (2019). A interpretação dos sonhos. In S. Freud, *Obras completas* (vol. 4). Companhia das Letras. (Texto original publicado em 1900).

Freud, S. (2016). O método psicanalítico de Freud. In S. Freud, *Obras completas* (vol. 6). Companhia das Letras. (Texto original publicado em 1904).

Freud, S. (2010). Observações psicanalíticas sobre um caso de paranoia (*dementia paranoides*) relatado em autobiografia ("O caso Schreber"). In S. Freud, *Obras completas* (vol. 10). Companhia das Letras. (Texto original publicado em 1911).

Freud, S. (2010). Recomendações ao médico que pratica a psicanálise. In S. Freud, *Obras completas* (vol. 10). Companhia das Letras. (Texto original publicado em 1912).

Freud, S. (2014). Dificuldades e primeiras aproximações. In S. Freud, *Obras completas* (vol. 13). Companhia das Letras. (Texto original publicado em 1916).

Freud, S. (2018). Construções na análise. In S. Freud, *Obras completas* (vol. 19). Companhia das Letras. (Texto original publicado em 1937).

Fulgencio, L. & Gurfinkel, D. (2022). Apresentação. In L. Fulgencio & D. Gurfinkel (Orgs.), *Relações e objeto na psicanálise: ontem e hoje*. Blucher.

Greenberg, J. R. & Mitchell, S. (1983). *Relações objetais na teoria psicanalítica*. Artes Médicas.

Gurfinkel, D. (2017). *Relações de objeto*. Blucher.

Klein, M. (1994). *Narrativa da análise de uma criança*. Imago. (Texto original publicado em 1961).

Kristeva, J. (2002). *O gênio feminino: a vida, a loucura, as palavras*. Rocco.

Mezan, R. (2014). *O tronco e os ramos: estudos de história da psicanálise*. Blucher.

Minerbo, M. (2004). Estratégias de investigação em psicanálise. In F. Hermann & T. Lowenkron (Orgs.), *Pesquisando com o método psicanalítico*. Casa do Psicólogo.

Naffah Neto, A. (2006). A pesquisa psicanalítica. *Jornal de Psicanálise*, 39(70), 279-288.

Ogden, T. (2017). *A matriz da mente: relações objetais e o diálogo psicanalítico*. Blucher.

Organização Pan-Americana da Saúde (OPAS). (2022, 17 de junho). *OMS destaca a necessidade urgente de transformar a saúde mental e a atenção*. [Comunicado à imprensa]. Disponível em: https://www.paho.org/pt/noticias/17-6-2022-oms-destaca-necessidade-urgente-transformar-saude-mental-e-atencao

Phillips, A. (2016). *Winnicott*. Ideias & Letras.

Pontalis, J.-B. (1979). La chambre des enfants. *Nouvelle Revue de Psychanalyse, 19*, 5-6.

Prado, L. E. (2021). Impasse e solução: controvérsias entre Anna Freud e Melanie Klein, origens do Middle Group. *Revista Brasileira de psicanálise*, 55(3), 191-205.

Spillius, E. B. et. al. (2011). *The new dictionary of kleinian thought*. Routledge.

Winnicott, D. W. (2022). Os objetivos do tratamento psicanalítico. In D. W. Winnicott, *Processos de amadurecimento e ambiente facilitador*. Ubu. (Texto original publicado em 1962).

Winnicott, D. W. (1987). *The Piggle: relato do tratamento psicanalítico de uma menina*. Imago. (Texto original publicado em 1977).

1. Apresentação dos casos Richard e Piggle

Mais do que escrever para reafirmar uma teoria ou para repetir escritos automaticamente, só porque eles vêm assinados por um grande autor, a assinatura da autoria do texto poderia ser a nossa! Integrar esta perspectiva: nos apoiarmos nos autores, mas também nos servirmos deles, em um exercício de alteridade e não mais de idealização. Exercitaremos a liberdade de nos apropriar de uma teoria e versarmos sobre ela, com uma propriedade adquirida somente com a coragem de assumir que escrevemos e o que escrevemos.

(Meira, 2023, p. 133)

Confesso aos leitores que esta não era a disposição original do meu trabalho quando propus um "esqueleto", em forma de sumário, para o "exame de qualificação". Entretanto, é típico de uma pesquisa acadêmica que ela se modifique ao longo da sua realização. Foi exatamente isso que aconteceu comigo. A leitura dos textos e dos respectivos casos clínicos que eu escolhi pesquisar originou uma espécie de *amadurecimento* em relação ao meu tema de estudo, levantando alguns obstáculos no momento de elaboração desta escrita.

Explico melhor: eu havia pensado, de início, em produzir dois capítulos eminentemente teóricos – um dedicado ao pensamento de Melanie Klein, e outro relacionado às ideias centrais de Donald W. Winnicott. Em seguida, cogitei a possibilidade de produzir mais dois capítulos, voltados à explicação de cada um dos casos clínicos selecionados por mim, a saber, o caso Richard (Klein) e o caso Piggle (Winnicott). À medida que fui redigindo esse conteúdo, percebi que ele havia se tornado extenso demais, transformando-se em uma leitura chata e enfadonha. Além disso, a quantidade de páginas acabou ultrapassando o limite "razoável" para uma dissertação de mestrado. Nesse sentido, resolvi virar o trabalho do avesso e começar pelo fim.

Ora, acontece que quando vamos colocar as nossas ideias no papel, elas vão revelando certa complexidade que, anteriormente, não somos capazes de notar. Logo, vi que alterar a estrutura do meu texto seria a decisão mais coerente para "resolver" esses impasses que surgiram de uma maneira um tanto quanto inesperada – devo admitir. Até porque um texto de qualidade tem origem no processo de síntese daquilo que foi encontrado no referencial publicado, transformando-se através do diálogo estabelecido com os interlocutores – visíveis, invisíveis, internos e externos (Meira, 2023).

Pois bem, nesse primeiro capítulo, optei por apresentar aos leitores um resumo, ainda que bastante geral, dos casos clínicos selecionados. Penso que essa metodologia em questão faça mais sentido no que tange aos meus objetivos. Somente após essa etapa, considero ser possível "costurar" trechos de ambas as narrativas (Richard e Piggle) com as contribuições teóricas relacionadas ao tema da pesquisa propriamente dita: *a interpretação psicanalítica*. Assim, vamos ao encontro de uma escrita mais fluida e menos fragmentada, já que a prática clínica estará presente em todas as partes do trabalho, permanecendo totalmente intrincada à teoria.

Isso posto, exponho uma visão ampla e panorâmica desses dois relatos, situando o leitor no "tempo e no espaço" em que eles foram publicados.

Apresentando o caso Richard

> *Ao apresentar o caso clínico que se segue, tenho em mente diversos objetivos. Desejo principalmente ilustrar minha técnica mais pormenorizadamente do que fiz até agora. As extensas notas que fiz* possibilitam ao leitor observar como as interpretações encontram confirmação no material que as segue. *[...] Além do mais, os pormenores desta análise esclarecem e fundamentam meus conceitos. [...] Em* A psicanálise de crianças *pude apenas apresentar extratos de minhas observações e interpretações; e, uma vez que nesse livro estava principalmente interessada em expor algumas hipóteses relativas a conteúdos de ansiedade e defesas até então não descobertos, não pude na ocasião fornecer uma descrição mais completa da minha técnica. (Klein, 1961/1994, p. 15, grifos meus)*

Conforme mencionado na parte introdutória deste livro, para embasar as minhas considerações sobre a *técnica interpretativa* de Klein irei me valer de um estudo aprofundado do seu último livro *Narrativa da análise de uma criança* (1961). Por se tratar de um trabalho tardio, o arcabouço teórico kleiniano já estava devidamente *edificado*, evidenciando o registro de uma técnica madura e consistente.

O processo analítico de Richard com Klein ocorreu quando ele e sua mãe se estabeleceram temporariamente em Pitlochry, no mês de abril de 1941 – em decorrência da Segunda Guerra Mundial. Na sua biografia, escrita por Phyllis Grosskurth (1992), encontramos uma carta endereçada a Winnicott, na qual a nossa autora diz: "Comecei a analisar um menino de dez anos bastante fora do comum e mantenho registros completos, *inclusive de minhas interpretações desse caso*. Levo uma hora e meia a duas horas por dia para fazer todas as anotações – um processo laborioso, mas compensador" (Grosskurth, 1992, p. 280, grifos meus).

É importante destacar que o tratamento de Richard lhe rendeu material para a organização de um artigo, que foi apresentado à Sociedade Britânica de Psicanálise no dia 7 de março de 1945, com o título: "O complexo de Édipo à luz das ansiedades arcaicas". O caso em questão, publicado nesse respectivo texto, foi bastante encurtado – diferentemente do que ocorreu no livro *Narrativa da análise de uma criança*, em que Klein descreveu *todos* os pormenores do processo analítico do seu paciente, a fim de evidenciar cada etapa do desenvolvimento do seu método clínico. Além disso, na obra *Narrativa...* (1961), a autora acrescentou uma série de notas sobre a psicopatologia do menino, embasadas em suas descobertas mais recentes, obtidas ao longo desses dezessete anos que se passaram após o tratamento de Richard.

No que se refere ao processo de escrita desse livro de Klein, podemos citar o seguinte fragmento de Grosskurth (1992):

> *Em 1956, com a ajuda de Elliott Jaques, ela começou a organizar a grande quantidade de anotações num todo coerente, o mais longo relato de caso já registrado. Segundo Jaques, quando ele começou a trabalhar com ela, o manuscrito estava consideravelmente concluído e as contribuições dele consistiram na elaboração de notas de rodapé levando em conta as teorias formuladas posteriormente por ela. Eles trabalharam no manuscrito de 1956 a 1959; ela corrigiu as provas quando se encontrava no hospital, pouco antes de sua morte, em 1960. (Grosskurth, 1992, pp. 283-284)*

Vale ressaltar que Melanie Klein faleceu no dia 22 de setembro de 1960, aos 78 anos de idade (em decorrência de complicações ocasionadas por um câncer de colo de útero). Desse modo, o livro foi concluído por colaboradores e psicanalistas do instituto *Melanie Klein Trust.* A versão disponível da obra *Narrativa da análise de uma criança*, que ficou conhecida mundialmente, reúne um compilado minucioso da descrição de 93 sessões,[1] que narram o desenvolvimento da análise de Richard, um garoto de 10 anos de idade que a autora atendeu no ano de 1941, durante o período em que esteve refugiada em Cambridge, por conta dos bombardeios dos alemães que estavam acontecendo em Londres.

Em consequência da guerra, o tempo disponível para a análise de Richard foi *predeterminado* pela analista junto à família do garoto: um período de quatro meses, com a frequência de seis sessões semanais.[2] Inclusive, a própria Klein alegou que poderia ter interpretado mais profundamente as ansiedades que surgiam durante o processo analítico, porém o tempo era *limitado* demais para isso. Apesar de tais circunstâncias, ela considerou ter sido capaz de acessar os conteúdos essenciais para a melhora dos sintomas do menino.

Podemos dizer que esse registro representa uma expressão *viva* da mente brilhante e cuidadosa de Klein. Mesmo diante da proximidade da morte, ela examinava, com minúcia, as provas do texto e o glossário, buscando deixar um legado precioso para as gerações futuras (Grosskurth, 1992). Nesse livro, é possível contemplar o trabalho

---

1 Apenas à guisa de curiosidade, segundo Grosskurth (1992, p. 285): "O diário de bolso dela [Klein] registra que a análise começou em 28 de abril e terminou em 23 de agosto de 1941, e abrangeu 96 sessões (e não 93, como está dito em *Narrative of a Child Analysis*)".

2 Realmente, o número de sessões semanais é algo que nos chama atenção nos dias de hoje, pois um tratamento analítico ocorre, geralmente, nos moldes de uma ou duas sessões por semana – às vezes, até quinzenais, por conta das condições financeiras dos pacientes. No entanto, em casos mais graves, se o analista for consciente dos riscos, é recomendado que se realize três ou quatro sessões semanais.

kleiniano *em ação*, como se ela e o paciente estivessem presentes diante de nós. Através das notas atenciosamente elaboradas, somos convidados a mergulhar em sua mente e a compreender como ela de fato trabalhava.

Essa obra é mais do que um arquivo histórico ou científico, é um *testemunho* poético da prática psicanalítica, no qual a vida e o mundo interno de uma criança são retratados com *sensibilidade*. Klein nos mostra, sobretudo, que a prática da análise não é apenas uma técnica, mas um *processo de descobertas* e de *transformação*. É com essa vivacidade que Elliott Jaques (1961) – discípulo fiel e analisando de Klein por oito anos (1946-1954) – descreve o calibre desse trabalho, afirmando no prólogo do livro *Narrativa...*:

> *De fato, alguns dias antes de sua morte, no hospital, ainda examinava as provas e o glossário do livro.* Queria deixar um relato o mais fiel possível tanto de seu trabalho prático quanto do teórico. E isso ela conseguiu. *O livro é algo vivo. Apresenta Melanie Klein em ação, como nenhum outro trabalho o faz. Fornece um retrato fiel de sua técnica e, por intermédio das notas, uma compreensão de como sua mente trabalhava. (Jaques, 1961/1994, p. 10, grifos meus)*

Frente a isso, considero de suma importância descrever o ambiente em que o processo analítico de Richard ocorreu. O ano de 1939 foi um período turbulento na história da Europa, marcado pelo início da Segunda Guerra Mundial em 1º de setembro desse mesmo ano, quando a Alemanha nazista invadiu a Polônia. Isso levou ao envolvimento de muitos países na Guerra, *incluindo o Reino Unido*. Em Londres, as tensões eram altas e as pessoas se preparavam para o conflito iminente, com a construção de abrigos antiaéreos e treinamentos regulares de defesa civil – ou seja: um cenário de verdadeiro caos. Em 3 de setembro de 1939, o Reino Unido declarou guerra à Alemanha em resposta à invasão da Polônia.

Durante a Segunda Guerra Mundial, Londres foi bombardeada *várias vezes* pelos alemães. Como resultado, muitas áreas da cidade foram destruídas e a vida cotidiana foi severamente afetada.

Imerso nessa atmosfera apocalíptica, por meio da leitura da *narrativa* do tratamento de Richard, podemos acompanhar as vicissitudes de um intenso sofrimento psíquico. Em decorrência desse cenário caótico e da crescente incerteza sobre a chegada de dias melhores, Richard desenvolveu uma série de sintomas, que Klein conseguiu observar e, posteriormente, simbolizar junto ao menino. Tais sintomas o impediram de frequentar a escola e de sair sozinho. Vale destacar, porém, que desde a primeira infância ele apresentava uma *inibição progressiva das suas faculdades e interesses*, bem como uma tendência à hipocondria e a estados depressivos. Essas dificuldades eram visíveis em sua expressão facial que, constantemente, demonstrava preocupação e infelicidade (Klein, 1961).

O garoto é descrito por Klein como uma criança *precoce* e *bem-dotada*, com grande habilidade musical e sensibilidade artística. Tinha um amor genuíno pela natureza. Embora não se desse bem com outras crianças, era extremamente sociável com os adultos, especialmente com as mulheres; Richard tentava "[...] impressioná-las com sua habilidade para conversar, insinuando-se de uma forma bastante precoce" (Klein, 1961/1994, p. 19).

Sua amamentação foi insatisfatória e sua saúde sempre foi delicada, com várias doenças desde a primeira infância.[3] Passou por duas cirurgias, sendo uma circuncisão aos 3 anos e uma amigdalectomia

3 De acordo com a autora: "O relato da mãe sobre esse e outros pontos foi bastante vago, e, assim, há vários pormenores do início da história de Richard sobre os quais eu gostaria de ter mais informações, mas que não consegui descobrir" (Klein, 1961/1994, p. 19).

aos 6. Richard era o mais novo de dois irmãos, com uma diferença de oito anos entre eles. Além disso, "Sua mãe, embora não fosse doente no sentido clínico, tinha tendência à depressão. Mostrava-se bastante preocupada com qualquer doença de Richard, e *sua atitude tinha repercussão em seus medos hipocondríacos*" (Klein, 1961/1994, p. 19, grifos meus).

Embora tentasse não demonstrar, a mãe tinha pouca confiança no desenvolvimento de Richard, *e tinha preferência por seu filho mais velho* – que havia sido muito bem-sucedido na escola e, diferentemente de Richard, não lhe trouxera perturbações durante o seu amadurecimento. Richard era muito afetuoso com a mãe; todavia, segundo Klein, ele era também uma criança de "convivência extremamente difícil" (Klein, 1961). O menino não possuía passatempos ou atividades para ocupar o seu tempo, e era *excessivamente ansioso*. Sua afeição pela mãe era tão intensa que ele se agarrava a ela de forma *persistente* e *exaustiva*, sendo incapaz de suportar a sua ausência. Além disso, seus medos hipocondríacos estavam relacionados tanto à saúde da mãe quanto à sua própria.

Apesar de a mãe lhe dispensar cuidados e atenção, ela aparentemente não reconhecia a aptidão para o amor e a bondade, inerentes a Richard. Ainda que ela não acreditasse no *desenvolvimento pleno* de Richard, era muito paciente com ele, deixando-o livre para tomar certas decisões – como não ir à escola, caso assim ele desejasse.

Seu pai era bondoso, mas deixava para a mãe toda a responsabilidade da criação do menino. No que se refere à relação com o irmão mais velho, eles tinham pouco em comum e eram distantes um do outro. Entretanto, Klein descreve que a família parecia ser equilibrada.

Sobre o contexto caótico que dominava aquele momento – a guerra e as suas consequências traumatizantes, que resultaram nos mais diversos sintomas de Richard –, cito um pequeno trecho nas palavras de Klein:

> *A deflagração da guerra* aumentou consideravelmente *as dificuldades de Richard. Seus pais mudaram-se para o interior, seu irmão foi mandado para outro lugar com a escola. Para que Richard pudesse fazer sua análise, ele e a mãe hospedavam-se num hotel em "X", a pequena cidade no País de Gales onde eu estava morando na época, não muito distante do lugar onde eles se haviam estabelecido enquanto durasse a guerra, que chamarei de "Y". Ele voltava para casa aos sábados para passar o fim de semana. O fato de deixar sua cidade natal, que chamarei de "Z"*, abalou-o muito. Além do mais, a guerra mobilizara todas as suas ansiedades, *e sentia-se particularmente amedrontado com os ataques aéreos e as bombas. Acompanhava as notícias de perto e mostrava um grande interesse pelas alterações na situação da guerra, e essa preocupação apareceu recorrentemente ao longo da análise. (Klein, 1961/1994, p. 20, grifos meus)*

Nesse sentido, fica *ainda mais* evidente o motivo pelo qual a ansiedade era um sintoma frequente no menino. De acordo com Klein, havia inúmeras sessões em que Richard ficava em *total silêncio*. Segundo ela: "foi impossível descrever as nuanças de comportamento, gesticulação, expressão facial e a duração das pausas entre as associações, dados que, como sabemos, têm um significado especial no trabalho analítico" (Klein, 1961/1994, p. 21).

Como mencionado, a minha proposta é enfatizar o trabalho de *interpretação* de Klein. Com efeito, é válido recordar que o caso ocorreu dezessete anos antes da sua publicação na íntegra. Sobre isso, Donald Meltzer (1922-2004), importante psicanalista kleiniano, nos dirá: "Nos dezessete anos que se intercalam, apareceram marcos tais como "Notas sobre alguns mecanismos esquizoides [1946]", o artigo sobre a *Solidão* [1959], e o trabalho fundamental *Inveja e gratidão* [1957]" (Meltzer, 1990, p. 20, grifos do autor e colchetes meus).

Ainda assim, a *narrativa* de Klein nos leva a adentrar as vias labirínticas da mente de Richard, desnudando as suas fantasias, os seus medos e os seus desejos mais íntimos, de maneira visceral e envolvente. Segundo Meltzer:

> *Do ponto de vista teórico, o essencial a mantermos em mente a respeito do trabalho de Richard é que Melanie Klein realizou esse trabalho analítico num momento em que considerava a* posição depressiva como algo a ser superado, *cuja principal característica era a* angústia de separação – *o anseio (*pining*) pelo objeto bom. Os elementos de angústia depressiva ligados à culpa, remorso e solidão eram periféricos à posição central de anseio pelo objeto quando da separação (*pining in separation*), em consequência dos ataques onipotentes (frequentemente masturbatórios) ao objeto interno. (Meltzer, 1990, pp. 24-25, grifos meus)*

Ao longo da descrição detalhada do caso, Klein revela a complexidade dos vínculos afetivos na infância e como essas primeiras experiências *moldam* a nossa personalidade até os últimos momentos da nossa existência. A propósito, ao fim da apresentação do caso Richard, ela nos diz que:

> *O resultado desta análise foi, conforme eu esperava, apenas parcial, mas teve na verdade influência sobre o desenvolvimento posterior dele. Durante algum tempo conseguiu frequentar a escola; mais tarde teve aulas particulares, e finalmente conseguiu terminar um curso universitário. Seu relacionamento com os meninos de sua idade melhorou e sua dependência da mãe diminuiu. Desenvolveu interesses científicos, e algumas possibilidades reais de seguir uma carreira estão abertas para ele. (Klein, 1961/1994, p. 23)*

Finalizo essa apresentação por aqui, pois no decorrer de todo o meu trabalho os leitores irão encontrar fragmentos desse caso, reproduzidos na íntegra e com a respectiva articulação teórica.

Apresentando o caso Piggle

No prefácio do livro *The Piggle...*, Clare Winnicott (esposa de Winnicott) escreve:

> *Este livro apresenta literalmente trechos de anotações de um psicanalista sobre o tratamento de uma criancinha. O leitor terá a rara oportunidade de penetrar na intimidade de um consultório e observar a criança e o terapeuta em atividade. [...] O livro, entretanto, não é enfadonho. É um relato vivo sobre duas pessoas trabalhando e* brincando juntas *com a intensidade e animação propositadas. (Clare Winnicott, no "Prefácio da edição inglesa", 1977/1987, p. 10, grifos meus)*

Gabrielle, uma garotinha de 2 anos e 5 meses de idade, apelidada de *Piggle*, foi analisada por Winnicott não no padrão de uma análise clássica, com direito a 4 ou 5 sessões por semana (como imperava na época), mas sim por uma espécie de "atendimento psicanalítico de acordo com a demanda". Ou seja: os encontros aconteciam quando a própria menina solicitava, dentro, é claro, das possibilidades de Winnicott. Cabe destacar que o tratamento ocorreu quando ele já estava com a sua saúde debilitada e a paciente, por sua vez, residia em uma cidade distante de Londres, dificultando a sua frequência ao consultório.

Complementando a citação anterior, Clare Winnicott (1977) salienta a participação efetiva dos pais de Gabrielle para a evolução do seu quadro psicopatológico, tendo em vista que "seus pais eram profissionais que tinham conhecimento do campo da psicoterapêutica. A colaboração deles foi decisiva para o resultado do tratamento" (Winnicott, 1977/1987, p. 10).

O atendimento de Piggle durou quase três anos, caminhando de janeiro de 1964 a outubro de 1966. Foram 16 sessões realizadas ao todo. Conforme mencionei, Gabrielle iniciou o tratamento com 2 anos e 5 meses de idade e finalizou com 5 anos. Na psicanálise clássica (ortodoxa) comumente é solicitado ao paciente que realize mais de duas sessões por semana, com o intuito de, assim, favorecer o deslocamento de questões originárias para a relação com o analista, permitindo que ele as *interprete* na transferência. Para Winnicott, todavia, o sentido de "tempo e espaço" é de natureza bastante divergente, pois sua maior preocupação era com a organização do *self* do paciente, o que constitui as bases de uma *ética do cuidado* em relação a ele (Almeida, 2023).

Como ressalta Safra (2005), esse aspecto se expressa no caso Piggle, sendo notável o cuidado de Winnicott em constituir, com a sua pequena paciente, um espaço onde a subjetividade dela pudesse ser *temporalizada*. Ou seja, Winnicott procurava criar condições para que Gabrielle vivesse experiências significativas, comunicando suas questões de modo cada vez mais pontual – isto é: sentindo-se *compreendida* por ele. Somente após a constituição desse *setting*, denominado por Winnicott como "espaço potencial", as intervenções puderam ser realizadas – sempre na intenção de procurar compreender a causa da angústia de Piggle. Valendo-se dessa técnica, o psicanalista inglês possibilitava que as ansiedades de sua paciente fossem colocadas em uma espécie de "experiência compartilhada"; dessa forma, as inquietações de Piggle ganhavam um sentido humano.[4]

Pois bem, o primeiro contato de Winnicott com o histórico e os sintomas da criança aconteceu por meio de duas cartas escritas pela

---

4 Sobre o sentido humano (ontológico) do tratamento psicanalítico winnicottiano, recomendo a leitura do livro *A po-ética na clínica contemporânea* (Safra, 2004).

mãe da menina. Nessas correspondências, ela solicitava que Winnicott atendesse à sua filha, pois Piggle possuía uma série de preocupações (*worries*) que a mantinham despertada durante a noite. Antes de pontuar outros comportamentos "atípicos" da menina, a mãe de Gabrielle enfatizou que a filha sempre lhe pareceu uma pessoa bem formada (*very much a person*) e com grandes recursos interiores. Portanto, sob uma leitura winnicottiana, tratava-se de uma criança razoavelmente *integrada* que, supostamente, havia recebido os devidos cuidados no estágio de "dependência absoluta" – explico melhor esse conceito no terceiro capítulo deste livro.

Nessas cartas iniciais, a mãe também mencionou que a situação começou a ficar difícil após o nascimento da irmãzinha de Gabrielle, quando ela ainda estava com quase 2 anos de idade. Os pais cogitaram que esse fato foi "precoce demais para ela", o que acabou gerando uma ansiedade significativa sobre eles, além de atingir as emoções da própria menina. Segundo as palavras da mãe, a partir desse episódio, Piggle apresentou os seguintes sintomas: passou a irritar-se e deprimir-se com muita facilidade, tornou-se inesperadamente *consciente de si mesma* (como pessoa inteira) e de seus relacionamentos (especialmente de sua identidade), desenvolveu uma série de angústias, tinha muito ciúme da irmã, começou a demonstrar ressentimento por sua mãe, e passou a ficar reservada com o seu pai.

Além dessas atitudes, Gabrielle desenvolveu uma fantasia tão intensa que se aproximava de uma alucinação. Frequentemente essa fantasia manifestava-se mais à noite, quando uma "mamãe preta"[5]

---

5 Anos mais tarde, em uma entrevista publicada no *International Journal of Psychoanalysis*, mais precisamente em 2017, Gabrielle afirma que "A parte mais desconfortável é algo que ninguém percebeu, ou seja, que há um discurso extremamente racista acontecendo. Acho que eu não queria dizer "preto" como um termo racial, mas eu [como a *Piggle*] associo o termo a tudo de ruim e assustador" (Luepnitz, 2023, pp. 277-278). Ao leitor interessado, recomendo veementemente a leitura

puxava os seus seios, morava no interior de sua barriga e podia se comunicar pelo telefone. O segundo elemento da fantasia, que havia começado mais cedo, referia-se ao "bebê-car" (*baby-car*). Todas as noites, a menina pedia aos pais, repetidas vezes: "Me fala do bebê-car, *tudo* sobre o bebê-car" (Winnicott, 1977/1987, p. 22, grifos do autor). Junto a esses comportamentos, uma "mamãe preta" e um "papai preto" estão sempre próximos do "bebê-car", ou algum homem sozinho. Piggle também passou a arranhar violentamente o seu próprio rosto todas as noites. Em outra carta, a mãe expõe o seguinte relato de angústia para Winnicott:

> *As coisas não melhoraram nada, desde que escrevi para o senhor. Piggle, agora, quase nunca demonstra qualquer concentração em seus brinquedos e dificilmente admite ser ela mesma: ou é o bebê-car ou é, com mais frequência, a mamãe. "A Piga foi embora, foi para o bebê-car. A Piga é preta. As duas Pigas são ruins. Chora, mamãe, por causa do bebê-car!".*
> *Contei-lhe que tinha escrito para o Dr. Winnicott, "que entende de bebês-cars e mamães-pretas"; desde então ela parou com as suas súplicas noturnas: "Me fala do bebê-car". Duas vezes me pediu, dir-se-ia que inesperadamente: "– Mamãe, me leva ao Dr. Winnicott". (Winnicott, 1977/1987, p. 23)*

Como dito anteriormente, o autor britânico descreveu detalhadamente as dezesseis consultas com Gabrielle, que foram reunidas no livro *The Piggle: relato do tratamento psicanalítico de uma menina* – a tradução brasileira, entretanto, é de péssima qualidade, cortando parágrafos do texto original, inclusive. Não pretendo transcrever cada sessão,

desse texto na íntegra, disponível no livro *A atualidade do pensamento de D. W. Winnicott* (capítulo 8).

mas sim abordar, de modo geral, algumas passagens relevantes para a discussão da tese central do meu trabalho: *o uso da interpretação*.

Como vimos, Winnicott aponta que os problemas de Piggle tiveram início com a chegada da sua irmãzinha mais nova, fator que também havia despertado uma intensa ansiedade nos pais, já que eles se sentiam incapazes de garantir um contorno afetivo, capaz de sustentar as angústias apresentadas por Gabrielle.

Para o psicanalista inglês, o nascimento de sua irmã, Susan, resultou em um desenvolvimento *prematuro* do ego de Piggle, tendo em vista que o seu processo de integração ainda estava no estágio inicial, e, portanto, *parcialmente* conquistado. A gravidez da mãe, desse modo, foi sentida como uma *falha ambiental*. "O próprio Winnicott caminha para uma hipótese de conflito edipiano, iniciado antes do tempo do desenvolvimento maturacional de Gabrielle" (Almeida & Naffah Neto, 2022, p. 44). Logo na primeira consulta, o nosso autor compartilha uma intervenção que justifica essa hipótese:

> *[...] Introduzi, então, de forma bastante óbvia, alguma coisa a respeito da mamãe preta: "Você alguma vez fica zangada com a mamãe?"* Eu tinha associado a ideia da mamãe preta à sua rivalidade com a mãe, *uma vez que ambas amavam o mesmo homem, o papai. Sua ligação profunda com o pai era bem evidente, por isso eu me sentia bastante seguro ao fazer essa interpretação. Num certo nível, isso deve estar certo. (Winnicott, 1977/1987, p. 27, grifos meus)*

Essas e outras passagens demonstram que Gabrielle estava na fase da conquista do *estágio da concernência* (*concern*), período em que a ambivalência está em uma evolução crescente. Entretanto, Piggle aparentava certa dificuldade para dirigir o seu ódio à sua mãe que, por sua vez, estava bastante fragilizada pela gravidez da segunda filha, chegando a relatar a Winnicott que esse período da sua vida havia a remetido à lembrança do nascimento de seu próprio irmão (quando ela possuía a mesma idade de Gabrielle). Logo, as angústias de Piggle *reativaram* as ansiedades adormecidas da sua própria mãe.

Safra (2005) destaca, ainda, que nessa "modalidade" de atendimento (sob demanda) o analista é *criado* e *usado* pelo paciente, e com ele vive uma *experiência completa* – como se estivesse "reeditando" passagens da sua linha de continuidade, que foram interrompidas de maneira inesperada.

Piggle inicia o tratamento um tanto quanto *hesitante* em relação à possibilidade de, realmente, poder ser ajudada naquilo de que necessitava. De maneira inesperada conhece um analista que, antes de se apressar com as interpretações usuais, *entende essa hesitação*, procurando se aproximar dela *com muito cuidado*, para que uma relação de confiabilidade pudesse se erguer entre os dois.

É interessante observar como Winnicott entende o momento do término de análise. Ao longo de sua obra, ele enfatiza a importância de o analista reconhecer quando *deixa de ser necessário para o paciente*, permitindo-lhe, assim, prosseguir com o seu processo maturacional, *rumo à independência*. Em seu clássico livro *O brincar e a realidade*, o autor escreve: "Todos nós esperamos que nossos pacientes terminem o trabalho conosco e nos esqueçam e que descubram que a *vida em si mesma* é a terapia que faz sentido" (Winnicott, 1971/2019, p. 143, grifos meus).

Ressalto que Winnicott só intervinha psicanaliticamente quando o ambiente falhava em promover a *continuidade de ser* do indivíduo. Foi assim que se desenrolou a análise de Piggle: a partir de um *setting* especializado – e não intrusivo –, ela pôde alcançar a *integração* das partes dissociadas do seu *self*, em primeira pessoa, isto é, com base na sua espontaneidade.

Bastante claro em suas observações, Safra (2005) pontua todo o intenso trabalho desenvolvido pela paciente e a maneira como Winnicott o conduziu, explicitando não só as dimensões teóricas e clínicas que surgiam no processo analítico, mas a sua concepção de homem e de mundo, caracterizando uma *ética do cuidado*, que deve ser respeitada para que a *subjetividade* do paciente possa, efetivamente, emergir. Esse é o princípio fundamental na construção da postura do analista winnicottiano – sendo válido, também, para todas as experiências humanas compartilhadas.

O estado vulnerável da mãe tornou o processo de amadurecimento de Gabrielle mais desafiador, uma vez que ela dependia da *sobrevivência* da mãe para conseguir expressar seus sentimentos ambivalentes e hostis. O pai, entretanto, demonstrava grande insegurança diante da situação apresentada por sua filha e, também, por sua esposa. Em uma correspondência enviada a Winnicott, ele diz:

> *[...] O que houve foi que nos sentimos muito envolvidos e culpados pelo fato de termos arranjado outro filho tão cedo, e a sua súplica noturna na despedida – "Fala-me do bebê-car" – levou-nos a dizer alguma coisa significativa. Jamais lhe falamos sobre a primeira infância de Piggle; ela foi excepcionalmente bem-comportada e segura de si mesma, dando a impressão de alguém que dominasse o seu mundo interior. Empregamos todos os esforços, e nisso parece que tivemos sucesso, para protegê-la contra influências que pudessem tornar o seu mundo por demais complicado. Quando Susan nasceu, Gabrielle pareceu-nos ter sido, de algum modo, afastada de sua natureza e isolada de sua fonte de sustento. Tivemos um pesar enorme ao vê-la tão diminuída e reduzida, e ela pode perfeitamente ter percebido isso. Houve também um período de tensão entre nós [os pais]. (Winnicott, 1977/1987, pp. 32-33)*

Lidar com o amor e o ódio não é uma tarefa fácil para as crianças – como mencionei anteriormente –; porém, essa é uma condição particular para a integração dos impulsos agressivos. Os problemas de Gabrielle se iniciaram nesse estágio do amadurecimento, ou seja: quando ela ainda estava em processo de integração, entrando no que Winnicott denominou de "estágio da concernência".

A experiência vivida entre ela, os pais e a irmã estava além da sua capacidade de elaboração psíquica, pois despertou as eventualidades do conflito edipiano antes que a menina pudesse passar pelos entraves da concernência. Trata-se aqui de uma realidade objetiva experienciada *de fora para dentro*, que, consequentemente, resultou na ativação de mecanismos de defesa na jovem paciente.

Conforme a perspectiva winnicottiana, quando uma criança é capaz de expressar sua agressividade, ela é igualmente capaz de se *concernir* pelo dano causado ao objeto, assumindo, assim, a responsabilidade pelos seus atos. A responsabilidade assumida em decorrência da culpa fortalece o ego, proporcionando à criança a aptidão de buscar a reparação legítima do estrago realizado ao objeto.

Os pais de Gabrielle aparentavam encontrar dificuldades em lidar – nos termos que ilustrei – com o ódio manifestado por sua filha. Esta falha, ainda que não intencional, incitou Piggle a forjar fantasias (quase alucinatórias) que conceberam as figuras da "mamãe preta" e do "bebê-car", as quais retaliavam, em igual proporção, a hostilidade direcionada a eles – desencadeando um sofrimento considerável na menininha.

Com efeito, Winnicott deduz que a *mamãe preta* era um "vestígio de uma noção subjetiva, preconcebida, sobre a mãe" (Winnicott, 1977/1987, p. 30). Em suas observações teóricas após o primeiro encontro, o autor escreveu que Gabrielle foi forçada a um desenvolvimento prematuro do ego, e que ela não estava preparada para experienciar a ambivalência (Winnicott, 1977/1987).

Um recorte da sétima sessão ilustra o manejo do pediatra britânico frente aos impulsos agressivos da menina. Em resumo, Winnicott e Piggle estavam envolvidos em uma brincadeira com um conjunto de trenzinhos e, em um determinado momento, ele realizou um movimento brusco com o trem que, por sua vez, provocou irritação na paciente. De acordo com as anotações de Winnicott, ela quase lançou um trator em sua direção, que estava conectado ao trem.

Diante do ocorrido, ele comenta: "ato agressivo, *pondo seus impulsos para fora e para dentro de mim*" (Winnicott, 1977/1987, p. 87, grifos meus). No fragmento acima, podemos observar que a menina arremessou o brinquedo de maneira impiedosa (*ruthless*) no analista. O psicanalista *não interpretou* o gesto agressivo da menina, prosseguindo com a brincadeira. Podemos considerar, portanto, que Winnicott *manejou* a situação analítica de maneira habilidosa – criando um ambiente no qual Gabrielle pudesse se sentir segura para *experienciar* os seus impulsos agressivos.

Nesse sentido, a análise gradualmente propiciou um espaço favorável para a *elaboração e apropriação* da agressividade de Piggle – possibilitando a resolução das experiências precoces e intrusivas que ficaram à deriva, à espera de um ambiente confiável para "reaparecer". Tal experiência só foi possível em decorrência da presença sensível de Winnicott, que soube identificar as necessidades da menina – aspecto, esse, de extrema importância, especialmente quando nos deparamos com vivências que ainda não conseguimos assimilar psiquicamente.

Referências

Almeida, A. P. (2023). *Por uma ética do cuidado: Ferenczi para educadores e psicanalistas* (vol. 1). Blucher.

Almeida, A. P. & Naffah Neto, A. (2022). O estágio da concernência e a elaboração do complexo de Édipo: revisitando Winnicott e o caso Piggle. *Psicologia Revista*, *31*(1), 27-50.

Grosskurth, P. (1992). *O mundo e a obra de Melanie Klein*. Imago.

Jaques, E. (1994). Prólogo. In M. Klein, *Narrativa da análise de uma criança*. Imago. (Texto original publicado em 1961).

Luepnitz, D. A. (2023). O nome da Piggle: reconsiderando um caso clássico de Winnicott à luz de algumas conversas com Gabrielle adulta. In S. Gomes (Org.), *A atualidade do pensamento de D. W. Winnicott*. INM Editora.

Klein, M. (1994). *Narrativa da análise de uma criança*. Imago. (Texto original publicado em 1961).

Meira, A. C. S. (2023). *A escrita científica no divã: entre as possibilidades e as dificuldades para com o escrever*. Blucher.

Meltzer, D. (1990). *O desenvolvimento clínico de Melanie Klein* (vol. 2). Editora Escuta.

Safra, G. (2004). *A po-ética na clínica contemporânea*. Ideias & Letras.

Safra, G. (2005). *Revisitando Piggle: um caso de psicanálise de acordo com a demanda*. Sobornost.

Winnicott, D. W. (1987). *The Piggle: relato do tratamento psicanalítico de uma menina*. Imago. (Texto original publicado em 1977).

Winnicott, D. W. (2019). *O brincar e a realidade*. Ubu. (Texto original publicado em 1971).

2. Breves considerações sobre a clínica de Melanie Klein: o sentido das interpretações

Esta é a vida vista pela vida. Posso não ter sentido, mas é a mesma falta de sentido que tem a veia que pulsa.

(Lispector, 2020, p. 11)

Neste capítulo, busco explorar, por meio de uma análise histórico--conceitual, o significado que Melanie Klein atribui às interpretações psicanalíticas. Para isso, é essencial percorrer a vastidão de sua obra e acompanhar as transformações que ela propõe à medida que seu pensamento evolui.

Diante dessa perspectiva, na intenção de facilitar o entendimento dos leitores, sugiro três divisões temáticas: 1) um estudo da primeira fase do pensamento kleiniano, relacionado à repressão da sexualidade, às dificuldades de aprendizagem e à descoberta da técnica do brincar; 2) um enfoque na "teoria das posições" (esquizoparanoide e depressiva), que evidencia um grande salto na metapsicologia, oferecendo uma concepção de psiquismo dinâmico e não linear; 3) uma análise da noção de inveja inata, em que a autora apresenta novas raízes sobre a origem da destrutividade – influenciando completamente a sua prática analítica.

Em cada um desses três momentos, a maneira que a interpretação kleiniana se dá no espaço clínico é influenciada por diversos olhares, dialogando diretamente com as suas premissas teóricas. Além disso, espero desconstruir a concepção popular sobre a ideia de que Klein não possuía tato; isto é, o fato de que suas interpretações eram excessivamente diretas e que sua abordagem não levava em conta a singularidade dos pacientes. Tal compreensão sobre a técnica kleiniana se baseia, a meu ver, em uma leitura superficial de seus textos, reduzindo assim a vasta contribuição que a nossa autora trouxe para a psicanálise.

Desse modo, vale salientar que, ao invés de avaliar a transferência negativa como evidência de fracasso ou mera resistência do analisando, o método kleiniano defendia que ela fosse *tratada* na relação psicanalítica, a fim de que se resolvessem os conflitos subjacentes às ansiedades mais primitivas dos sujeitos – é essa premissa que guiará a prática psicanalítica da nossa autora.

Com efeito, a interpretação não foi considerada por Klein um dos recursos que poderiam iniciar o trabalho analítico, mas sim *o único*:

> *Pois na análise de crianças* é só a interpretação, *na minha experiência, que dá início ao processo analítico e o mantém em andamento. Portanto, também é possível interpretar com certeza associações monótonas a que faltam fantasia, contanto que o analista* compreenda *suficientemente o material e o ligue com a ansiedade latente. (Klein, 1932/1997, p. 94, grifos meus)*

Antes que os leitores considerem que a autora desprezou a ordem dos acontecimentos, realizando interpretações em momentos em que o vínculo transferencial ainda não estava efetivamente consolidado, deve-se destacar que Klein transformou o que seria um *pré-requisito* da interpretação. Ou seja: a interpretação foi considerada, ela mesma, propiciadora da relação analítica. Ao que tudo indica, o motivo disso encontra-se na *força* da interpretação de desmobilizar defesas e, assim, de dar abertura ao inconsciente e ao *interjogo* entre amor e ódio que domina as relações objetais primárias. Logo,

> *Quando a análise já começou e uma certa quantidade de ansiedade já foi resolvida no pacientezinho* por meio de interpretações, *a sensação de alívio que ele experimenta como consequência disso – com frequência já após algumas sessões – o ajudará a prosseguir o trabalho. (Klein, 1932/1997, p. 30, grifos meus)*

Como notamos, a argumentação de Klein era rigorosa e consistente, justificando a pertinência da interpretação, em seu papel de colocar e recolocar a análise em movimento rumo à resolução dos conflitos infantis (e adultos). Cito a autora mais uma vez: "Como eu disse antes, a função da interpretação profunda é simplesmente *abrir a porta do inconsciente*, diminuir a ansiedade que foi despertada e, desse modo, preparar o caminho para o trabalho analítico" (Klein, 1932/1997, p. 43, grifos meus).

Apesar disso, não podemos dizer que ela deixava de considerar o enquadre e a importância do acolhimento no início do processo terapêutico. Por exemplo, ao relatar o caso de uma menina, Ruth, de 4 anos e 3 meses, Klein descreve que, na primeira sessão, ela (a criança) havia se recusado a permanecer na sala com a psicanalista. Diante desse contexto, Klein decide pedir à irmã mais velha da garotinha que a acompanhasse durante as sessões de análise. Após três semanas corridas, Klein arrisca uma segunda tentativa de ficar a sós com a paciente, que também acaba não dando certo. Acerca dessa circunstância, a autora admite: "Nesta situação bastante penosa, comecei de novo tentando acalmar a criança *de um modo não analítico, maternal*, como qualquer outra pessoa faria. Tentei confortá-la e animá-la e fazê-la brincar comigo [...]" (Klein, 1932/1997, p. 47, grifos meus).

Essa passagem revela a sua preocupação em estabelecer o "laço transferencial" antes de arriscar as interpretações. Vale lembrar, porém, que esse é apenas um dos diversos casos em que acontece exatamente a mesma situação. Em suma: é óbvio que a interpretação ocupa um lugar de destaque em sua técnica, mas dizer que ela desconsiderava o sofrimento individual é uma postura um tanto quanto leviana e irresponsável.

O uso do método interpretativo como um dispositivo de cura também está presente no famoso registro do caso Dick,[1] publicado em 1930, no ensaio "A importância da formação de símbolos no desenvolvimento do ego". Trata-se de "um menino de 4 anos de idade que, levando em conta a pobreza de seu vocabulário e de suas realizações intelectuais, estava no mesmo nível de uma criança de 15 ou 18 meses" (Klein, 1930/1996, p. 253). Dick não demonstrava muitos afetos e era indiferente à presença e à ausência da sua mãe ou da sua babá, não apresentando nenhum sinal de adaptação ou reconhecimento da realidade externa. "Desde o início, ele raramente exibia algum tipo de ansiedade e quando isso ocorria, era numa quantidade excepcionalmente baixa" (Klein, 1930/1996, p. 253). Além disso, a criança não brincava e não tinha nenhum contato com o ambiente. Quando falava, geralmente empregava o seu paupérrimo vocabulário de forma incorreta (Klein, 1930/1996).

O olhar atento de Klein permitiu que ela reconhecesse a importância fundamental das primeiras experiências da criança com o ambiente para o desenvolvimento psíquico saudável. No caso de Dick, ela observou uma incapacidade total do ego de lidar com a ansiedade, aparentemente de origem constitucional e ligada às fases mais primitivas da vida. As experiências traumáticas vividas nos primeiros anos, marcadas pela escassez de amor e cuidado no núcleo familiar, comprometeram a introjeção do *bom objeto* – elemento essencial, segundo a

---

1 A meu ver, o registro desse caso representa um dos materiais mais consistentes (e bem-sucedidos) no que concerne aos benefícios da técnica interpretativa kleiniana.

teoria kleiniana, para sustentar um ego fragilizado. Além disso, inserido em um ambiente inseguro, suas fantasias sádicas, impulsionadas pelo instinto de morte inato, não foram reconhecidas e nem puderam ser simbolizadas. O sadismo infantil, não suficientemente tolerado pelo ambiente primário, não pôde se transformar, por meio da sublimação, no chamado "instinto do saber" ou instinto epistemofílico. Logo, o ressentimento gerado por frustrações precoces assumiu uma intensidade desproporcional, passando a dominar o psiquismo de Dick. O ódio, mais presente do que o amor, manifestou-se em uma intensidade que impediu a construção e a consolidação das estruturas psíquicas e cognitivas do menino.

Ao iniciar o tratamento psicanalítico, logo na primeira sessão, Dick mostrou-se indiferente à maioria dos objetos e brinquedos à sua volta, não conseguindo prender a sua atenção com nenhum material que Klein tinha em seu consultório, exceto nos trens e estações de brinquedo, assim como nas portas e maçanetas, principalmente na maneira como elas abriam e fechavam (Almeida, 2020).

Vale destacar que, para a nossa autora, o *sadismo* está diretamente ligado à constituição da realidade como tal e ao simbolismo. Dito de outro modo, a criança, ao entrar em contato com a realidade externa, precisa "destruí-la" em sua fantasia. Para Klein, são essas fantasias sádicas que constituem *a primeira relação* com o mundo externo – e fundam o alicerce da sublimação.

> *Desse modo, o simbolismo se torna a base não só de toda a fantasia e sublimação, mas também da relação do indivíduo com o mundo externo e com a realidade em geral. Já observei que o objeto do sadismo, quando este está em seu auge, assim como do desejo de conhecimento que surge na mesma época, é o corpo da mãe com seu conteúdo fantasiado.* As fantasias sádicas dirigidas contra o interior desse corpo constituem a primeira e mais básica relação com o

> mundo externo *e a realidade [...]. Podemos ver, então, que* a primeira realidade da criança é totalmente fantasística *[...]. (Klein, 1930/1996, pp. 252-253, grifos meus)*

Nesse sentido, como seria possível analisar uma criança que não demonstrava qualquer capacidade de simbolização? Klein arriscou a tentativa de oferecer ao paciente um auxílio nesse processo: "*ela interpretava o pouco que Dick fazia* (simbolizando o interesse do menino com os trens e as maçanetas), atribuindo, desse modo, um *significado* às suas ações. 'Simbolizava *por* e, consecutivamente, *com* ele'" (Almeida, 2020, p. 559, grifos meus). Nas palavras de Klein:

> *Na primeira vez que veio ao meu consultório, [...] Dick não demonstrou nenhum tipo de afeto quando a babá o entregou a mim. Quando lhe mostrei os brinquedos que tinha preparado, o menino olhou para eles sem o menor interesse. Peguei um trem grande e o coloquei ao lado de outro menor, chamando-os de "Trem-Papai" e "Trem-Dick". Então ele pegou o trem chamado "Dick", empurrou até a janela e disse: "Estação". Expliquei: "A estação é a mamãe; o Dick está entrando na mamãe". Ele largou o trem, correu para o espaço entre a porta de fora e a porta interior do consultório, fechou-se lá dentro, disse "escuro" e saiu correndo na mesma hora. Então eu lhe expliquei: "É escuro dentro da mamãe. O Dick está dentro da mamãe escura". (Klein, 1930/1996, p. 257)*

As demais sessões se desenrolaram nesses mesmos moldes, com a diferença de que sempre após as interpretações de Klein, Dick se sentia *angustiado* e chamava por sua babá (atitude que nunca havia tido, até então). Ou seja: nesse primeiro momento, as interpretações de Klein traziam uma espécie de *vitalização* para a criança – que se encontrava totalmente apática –, mobilizando sentimentos que, antes destes encontros, estavam adormecidos.

Na terceira sessão, logo após uma interpretação, Dick teve um acesso de ansiedade, se escondeu atrás de uma cômoda que havia no consultório e, pela primeira vez, de dentro do seu esconderijo, gritou pelo nome de Melanie Klein. Posteriormente, o modo como começou a chamar repetidas vezes pela babá demonstrava sua insegurança, angústia e apreensão (sentimentos inéditos, apesar de sentidos em instância inconsciente). Além disso, quando essa terceira sessão acabou, ele correu ao encontro dos braços da babá com uma alegria que jamais exprimira antes. Durante esta sessão, Dick demonstrou interesse pelos brinquedos e pelas atividades realizadas, manifestando claramente suas tendências agressivas ao cortar, quebrar, desmontar e atirar diversos objetos ao chão.

Podemos pressupor, então, que Klein buscou *acessar* o inconsciente do seu pequeno paciente por meio das interpretações, *abrindo caminhos* para o seu livre desenvolvimento. "No caso de Dick, assim como em qualquer outro, o acesso ao inconsciente só podia ser obtido, é claro, através do ego" (Klein, 1930/1996, p. 261). Do ponto de vista teórico, a autora destaca que "mesmo em um caso tão grave [...] é possível desenvolver tanto o ego quanto a libido apenas ao se analisar os conflitos inconscientes, sem exercer *nenhuma influência educacional sobre o ego*" (Klein, 1930/1996, p. 261, grifos meus). O que ela quis dizer, neste trecho, é que o processo analítico de Dick não foi baseado em sugestões ou condutas normativas, mas consistiu em "traduzir" as angústias que emergiam de um psiquismo em pleno sofrimento.

A cada interpretação, Klein observava o progresso do garoto, utilizando essa evolução como referência para o ajuste da suas intervenções. Esse acompanhamento, essencial no contexto clínico, permitia que ela respeitasse o tempo do paciente e sua forma singular de responder à prática analítica. O caso Dick, portanto, evidencia a eficácia de sua técnica, sustentada na interpretação das fantasias.

Após essa breve introdução, discuto, a seguir, os três períodos que tracei para situar o uso da interpretação ao longo da prática clínica kleiniana.

O primeiro momento: a repressão da sexualidade e as suas implicações no brincar infantil

> *Eu disse algo errado?*
> *Ops, não sabia que não podia falar sobre sexo*
> *(Eu devia estar doida)*
> *Eu permaneci por muito tempo?*
> *Ops, não sabia que não podia expor minhas ideias*
> *(O que eu estava pensando?)*
>
> (Trechos da canção "Human Nature", de Madonna, de 1995)

> *Na análise de crianças bem pequenas e, também, de crianças mais velhas, deparei-me com um material que me fez investigar certas inibições que só foram reconhecidas como tais durante a análise. Em vários casos, as características a seguir revelaram-se como inibições, assumindo caráter típico: falta de jeito nos jogos e no esporte, além de repulsa a essas atividades; pouco ou nenhum prazer no estudo; falta de interesse num assunto em particular ou, de modo geral, a presença em diversos graus daquilo que se costuma chamar de preguiça; além disso, muitas vezes pode-se constatar que capacidades e interesses mais fracos do que o comum foram "inibidos".*
>
> (Klein, 1923/1996, p. 101)

Melanie Klein entrou em contato com a psicanálise aos 32 anos de idade, em Budapeste, no ano de 1914. Na tentativa de compreender as raízes das suas próprias angústias, leu o pequeno livro de Freud: *Über den Traum* (1901) [Sobre os sonhos]. Essa foi a válvula propulsora para aquilo que viria a ser o maior interesse – e a causa – da sua vida: a psicanálise (Grosskurth, 1992). Por volta dessa mesma época, iniciou a sua análise pessoal com Sándor Ferenczi (1873-1933) – analista húngaro, genial, que não foi somente um discípulo de Freud, mas um grande cientista clínico.

Incentivada por Ferenczi, em 1919, Klein apresentou o seu primeiro artigo à Sociedade Psicanalítica Húngara, cujo título foi "O desenvolvimento de uma criança". Dois anos após a apresentação deste trabalho, a autora expôs à Sociedade Psicanalítica de Berlim o texto "A resistência da criança ao esclarecimento" (1921). Esses dois ensaios são complementares, sendo divididos da seguinte forma: a primeira parte, de 1919, demonstra como a educação sem esclarecimento pode ocasionar uma *repressão excessiva* na mente da criança; a segunda parte, de 1921, detalha como a mente do infante já possui, por si só, *fortes tendências à repressão*[2] (Klein, 1921/1996) – essa característica, por sinal, evidencia a relevância do fator inato/constitutivo no pensamento kleiniano (que irá acompanhar toda a sua obra).

Tais artigos não descrevem o processo de um tratamento analítico propriamente dito, mas sim "um caso de 'educação com feições analíticas'" (p. 21)[3] de uma criança, que Klein chamou de Fritz.[4] Nesses

2 Dei preferência pelo uso do vocábulo "repressão" ao invés de "recalque" (*Verdrängung*) para o desenvolvimento das minhas ideias, tomando como base a tradução publicada pela Companhia das Letras, coordenada por Paulo César de Souza. Contudo, no decorrer da leitura deste livro, inevitavelmente o leitor lerá a palavra recalque em algum momento, a depender da citação de determinados tradutores.

3 Essa citação faz parte da "Nota explicativa da comissão editorial inglesa", do livro *Amor, culpa e reparação* (Imago, 1996).

4 O trabalho realizado com Fritz foi descrito em um artigo nomeado "O desenvolvimento de uma criança", apresentado à Sociedade de Psicanalítica Húngara, em 1919, publicado dois anos depois, em 1921. Trata-se do tratamento do seu próprio filho, Erich, de 5 anos de idade (Grosskurth, 1992) – atividade bastante comum aos precursores da nossa ciência. O próprio Freud (1920), por exemplo, teceu considerações significativas sobre a metapsicologia a partir da observação direta

escritos, notamos o seu forte comprometimento com as ideias de Freud, esforçando-se ao máximo para manter-se leal ao mestre de Viena.

Por meio da técnica do brincar, Klein descreveu a ampla influência das *fantasias (phantasies) inconscientes* e, com o tempo, o seu trabalho:

> *[...] confirmou as descobertas de Freud sobre a agressividade e a sexualidade infantil, o papel do superego e o complexo de Édipo. No entanto, o trabalho direto com crianças trouxe novas descobertas e permitiu uma descrição detalhada dos estágios iniciais do desenvolvimento, apenas esboçados por Freud. Estas descobertas acabaram provocando certas divergências de opinião entre os dois. (Segal, 1987/1996, p. 10)*

Cabe destacar que a teoria freudiana sobre a psicossexualidade infantil se baseava, predominantemente, na análise de pacientes *adultos* – com exceção do caso do pequeno Hans (Freud, 1909) e da observação direta do seu neto (Freud, 1920). Nesse sentido, Freud acabou deixando algumas "brechas" por toda a extensão do seu legado, o que favoreceu desenvolvimentos posteriores. A propósito, o criador da psicanálise nunca encerrou qualquer discussão em si mesma, muito pelo contrário: ele sempre deixou espaço para continuidades, expansões e inovações, evitando concluir qualquer teoria de forma definitiva.

Em sua *Autobiografia* (1925), Freud nos diz algo que se associa de maneira precisa aos pressupostos do tratamento analítico infantil e a possibilidade de ampliá-lo. Cito-o:

> *Não contribuí pessoalmente para a aplicação da psicanálise à pedagogia;* mas era natural que a indagação psicanalítica sobre a sexualidade e o desenvolvimento psíquico da

---

de seus filhos e netos. Fritz, portanto, é um nome fictício criado pela autora para preservar a identidade do filho mais novo.

> criança chamasse a atenção dos educadores *e os fizesse enxergar sua tarefa sob uma nova luz. Infatigável pioneiro dessa orientação na pedagogia foi o pastor protestante Oskar Pfister, de Zurique, que soube harmonizar o cultivo da análise com o apego à religiosidade – sublimada, por certo. Além dele há a dra. Hug-Hellmuth e o dr. S. Bernfeld, de Viena, e muitos outros. (Freud, 1925/2011, p. 161, grifos meus)*

Ainda nesse texto, em uma nota de rodapé, acrescida anos depois – mais precisamente em 1935 –, Freud afirma: "Desde então, a psicanálise infantil teve enorme incremento com os trabalhos de Melanie Klein e de minha filha Anna Freud" (p. 161).

Feitas essas observações de cunho mais histórico, voltemos a nossa atenção aos artigos kleinianos. No Brasil, eles foram reunidos em quatro volumes: 1) "Amor, culpa e reparação e outros trabalhos (1921-1945)"; 2) "A psicanálise de crianças"; 3) "Inveja e gratidão e outros trabalhos (1946-1963)"; 4) "Narrativa da análise de uma criança". Todos lançados – até então – pela Editora Imago.[5]

Porém, é no mínimo questionável que *todos* os livros de Klein – e de diversos outros autores kleinianos – estejam *esgotados,* e sequer tenham sido relançados por outras editoras. Um único exemplar usado das suas *Obras completas* chega a custar, em algumas páginas da internet, a *bagatela* de 500 reais. É curioso que essa falta de interesse ocorra, especificamente, com uma grande autora, *mulher*[6] (Almeida, 2023).

---

5 Até agosto de 2023, período marcado para a defesa da dissertação que deu origem a este livro, as obras de Melanie Klein permaneciam sem reedições. Contudo, no dia 29 de novembro de 2023, uma colaboração entre as editoras Ubu e Imago deu vida a uma nova e encantadora edição das obras de Klein – a princípio com os livros *Amor, culpa e reparação e outros ensaios* e *Inveja e gratidão e outros ensaios.*

6 Por esse motivo, escolhi abrir esse item com uma canção tão expressiva da cantora de Madonna, que representa não apenas um arauto do discurso feminino, mas também um manifesto de liberdade. Fico me questionando: até que ponto a própria psicanálise está livre das correntes aprisionantes do patriarcado e da violência

Pois bem, em 1921, Klein publicou um compilado desses dois artigos citados anteriormente, resultando no ensaio "O desenvolvimento de uma criança". Nele, a autora destaca o poder da influência do esclarecimento sexual e do relaxamento da autoridade no desenvolvimento intelectual (aliás, esse é o subtítulo do seu trabalho). Em resumo, ela nos diz que, quando não há possibilidades de se oferecer à criança um esclarecimento sobre as questões de cunho sexual, deveríamos, ao menos, educá-las a partir de sua mais tenra idade, a fim de tornar desnecessário qualquer tipo de *repressão* sobre esse tema. Vejamos:

> *Podemos poupar a criança de uma repressão desnecessária ao libertar – sobretudo* em primeiro lugar em nós mesmos – *toda a ampla esfera da sexualidade dos densos véus de segredo, falsidade e perigo tecidos por uma civilização hipócrita, sobre alicerces puramente afetivos e mal-informados. Devemos permitir que a criança tenha acesso a todas as informações sobre sexo que o seu crescente desejo de conhecimento venha a pedir, liberando a sexualidade de seu caráter misterioso e de boa parte de seu perigo. [...] Ao evitar esta repressão, esse fardo de sofrimento supérfluo, estaremos também estabelecendo as bases da saúde, do equilíbrio mental e de um desenvolvimento favorável do caráter. Esse resultado de valor inestimável, no entanto, não é a única vantagem que uma educação baseada na mais ampla franqueza pode trazer para o indivíduo e para a evolução da humanidade. Ela traz ainda outra consequência, igualmente significativa: uma influência*

---

misógina? Em muitos círculos psicanalíticos, as ideias de Melanie Klein ainda são rechaçadas e, frequentemente, ridicularizadas – o que evidencia o quanto o nosso próprio campo precisa de análise.

> *no desenvolvimento da* capacidade intelectual. *(Klein, 1921/1996, pp. 22-23, grifos meus)*

Nesse primeiro momento, Klein acreditava que o dispositivo terapêutico utilizado por Freud para a análise de adultos poderia ser também aplicado às crianças. Em sua opinião, o que deveria mudar era a *técnica* que lhe permitia o acesso ao inconsciente: com crianças, ela fazia uso dos jogos e brincadeiras; com adultos, utilizava o divã, interpretava os sonhos e o discurso do paciente em associação livre.

O mesmo artigo, de 1921, apresenta um traço de esperança no que tange ao tratamento psicanalítico infantil que, segundo a autora, poderia evitar e, inclusive, *curar* as neuroses. Entretanto, no "Apêndice" do livro *A psicanálise de crianças*, escrito 10 anos depois, esse otimismo já está atenuado, sendo ainda mais reduzido em *Inveja e gratidão* (1957) – uma das suas últimas obras.

No início de sua prática clínica, a abordagem interpretativa visava *transformar* as angústias e aflições expressas pelas crianças para um "idioma" que elas pudessem compreender, especialmente aquelas questões relacionadas à *sexualidade*. Com o tempo, essa metodologia evoluiu para incluir também a interpretação de tendências sádicas, conforme constatamos no "caso Dick" (Klein, 1930). Em suas palavras: "o brincar é o meio mais importante de expressão da criança" (Klein, 1932/1997, p. 28). Para ela, ao utilizar a técnica do brincar é possível descobrir que o infante realiza tantas associações quanto os adultos o fazem por meio dos seus sonhos (Klein, 1932/1997). Dentro do cenário clínico, o brincar está para Klein assim como o sonho está para Freud.

A psicanalista vienense passou a tratar crianças com severas inibições, reconhecendo que as origens de seus transtornos estavam enraizadas nas camadas mais profundas e primitivas da mente. Utilizando a brincadeira como meio de interpretação dos comportamentos infantis, Klein facilitava a emergência de novas representações simbólicas.

Esse processo não somente ampliava a capacidade das crianças de simbolizar suas experiências, mas também enriquecia o seu potencial de aprendizado.

Vejamos o que Hanna Segal nos diz sobre a *expressão simbólica*, presente no brincar infantil:

> *Como o modo de expressão natural das crianças é a brincadeira, ela [Melanie Klein] sempre lhes oferecia pequenos brinquedos* e considerava os seus jogos uma expressão simbólica de sua vida interior, *comparável às associações livres dos adultos. Interpretava sua brincadeira e seu comportamento juntamente com a sua comunicação verbal. [...] Além disso, desde o princípio* sempre interpretou tudo aquilo que a criança apresentava, quer seus sentimentos fossem positivos ou negativos. *Acreditava-se na época que as crianças não podiam desenvolver transferência para o analista da mesma maneira que os adultos, pois ainda estavam presas a seus objetos originais: a mãe e o pai. Klein descobriu que as crianças rapidamente estabeleciam transferência, tanto positiva quanto negativa. (Segal, 1987/1996, p. 9, grifos e colchetes meus)*

Quando desprovida dessa capacidade simbólica, a vida emocional da criança (e, também, do adulto) tende a se tornar limitada, pois as angústias podem levar a uma intensa diminuição da criatividade – como notamos em jogos estereotipados e repetitivos, em indivíduos com dificuldades cognitivas. Além disso, é possível verificar, nesses casos, um empobrecimento afetivo e um excessivo apego a aspectos *concretos* da realidade externa.

Em suas investigações, Klein detalha que a maioria das crianças inibidas apresenta uma forte ansiedade – relacionada, principalmente, ao "medo da castração". Para ela, apenas mediante a descoberta das causas que estruturam esse fenômeno a criança conseguiria desmobilizar as suas inibições. Segundo o *Novo dicionário do pensamento kleiniano* (2011):

> *A inibição refere-se a um estado ou a um processo em que um aspecto ou aspectos da atividade mental ou física são bloqueados. Freud (1900) desenvolve a teoria mecânica de um bloqueio da energia mental. Klein sublinha, em vez disso, a inibição da atividade simbólica e, particularmente no seu trabalho inicial, a inibição da brincadeira das crianças, pois este era um sintoma prevalecente nas crianças perturbadas que via.* Klein considera que a inibição é impulsionada pelo medo. *Ela descreve como os receios da criança sobre os seus próprios impulsos sádicos, e a sua* ansiedade sobre a retaliação *que estes impulsos poderiam provocar, a levam a inibir a sua atividade mental. (Spillius et. al., 2011, p. 367, tradução e grifos meus)*

Logo, podemos presumir que a dissolução do conflito interno não tem como objetivo apenas acabar com o mal que gera a ansiedade, mas *restabelecer o prazer primário da vida infantil.* De todo modo, a psicanálise com crianças nem sempre é tão objetiva assim, pois a ansiedade costuma não se manifestar ou não ser percebida como tal. Cito Klein:

> *Em diversas análises, pude constatar o fato de que as crianças muitas vezes escondem daqueles à sua volta uma grande quantidade de ansiedade, como se inconscientemente tivessem noção de seu significado. No caso dos meninos, há também o fato de considerarem a ansiedade uma covardia e terem vergonha dela – e, de fato, geralmente deparam-se com esse tipo de censura quando a confessam. Esses provavelmente são os motivos pelos quais se esquece rápida e*

> *completamente a ansiedade da infância.* Podemos ter certeza de que uma ansiedade primária sempre se esconde por trás da amnésia da infância e que esta só pode ser reconstituída por uma análise bastante profunda. *(Klein, 1923/1996, p. 103, grifos meus)*

Lembremos que a repressão ocorre como uma tentativa de evitar o desconforto advindo do *conflito inconsciente* – princípio do prazer *versus* princípio de realidade.[7] Em algum momento é necessário resgatar o sentido do conteúdo recalcado e compreender a origem da sua repressão. Caso contrário, essa inquietação atormentará o ego do indivíduo, gerando sintomas dos mais variados níveis (a depender da força libidinal reprimida e do grau de integração do ego). Acompanhemos Klein:

> *Mencionei os efeitos prejudiciais bem conhecidos que a repressão provoca no intelecto, explicados pelo fato de a força instintual reprimida permanecer presa e, portanto, não estar disponível para a sublimação. Além disso, associações de pensamento também são enterradas no inconsciente juntamente com os complexos. Partindo desse princípio, deduzi que* a repressão poderia afetar o intelecto em qualquer de suas vias de desenvolvimento, *ou seja, tanto na dimensão da extensão quanto da profundidade. (Klein, 1921/1996, p. 51, grifos meus)*

Portanto, na fase inicial do pensamento kleiniano, a interpretação analítica visava atenuar as forças da repressão, trazendo ao consciente conteúdos até então inconscientes. Esse processo permitia à criança recuperar a capacidade de brincar, sonhar e criar. Afinal, uma

7 Ver *Formulações sobre os dois princípios do funcionamento psíquico* (Freud, 1911/2010).

criança que não brinca está, muito provavelmente, submetida a uma repressão intensa – seja imposta pelo ambiente social, seja decorrente de seus próprios conflitos *intrapsíquicos*.

Considero que uma passagem do caso Richard ilustra perfeitamente o que estou tentando explicar aos leitores. Cito-a:

> *Richard perguntou a Mrs. K. se ela iria novamente ao vilarejo (o que significava que ele poderia caminhar um pequeno trecho com ela), e admitiu que queria que ela o protegesse das crianças que talvez pudesse encontrar na rua. Mrs. K. interpretou que as crianças a quem temia representavam agora o Papai, ou o* genital perigoso do Papai, *e Richard desejava que a Mamãe o protegesse do Papai. (Klein, 1961/1994, p. 46, grifos meus)*

Como podemos notar, Klein articula a inibição de Richard à repressão dos impulsos sexuais que, de alguma forma, também estão ligados ao sadismo direcionado às figuras parentais. No entanto, lembremos que a comunicação infantil é *pré-verbal* por excelência, mais primária e menos elaborada. Por isso a criança pode revelar seu inconsciente por meio de uma maior variedade de recursos não verbais, como: o simbolismo lúdico, as personificações, os gestos, o uso do corpo etc.

Ao brincar, o infante *vive* a situação como protagonista de uma cena real, porque internamente é, de fato, *real* – assim como ocorre quando sonhamos. Distanciando-se da realidade para a imaginação, temporariamente a criança experimenta um "poder" de realizar qualquer coisa: dá vida às imagens e aos objetos, confunde-se com vários deles, realiza os seus anseios inconscientes na perfeita liberdade da fantasia transformada em verdade e, ao encerrar a sessão, ela retorna ao "mundo real", tal como sucede no despertar de um sonho. Vejamos como esse processo ocorre no atendimento de Richard. Na nota referente à "Oitava sessão", a autora afirma:

> *Em outras ocasiões, também, embora nem sempre mencionadas especificamente, Richard obteve acentuado alívio pela diminuição da repressão de suas fantasias, e o consequente aumento da capacidade de expressá-las simbolicamente.* No brincar de todo dia, *em que a criança permanece em grande parte inconsciente do conteúdo de suas fantasias e impulsos incestuosos e agressivos, ela mesmo assim experimenta alívio pelo simples fato de expressá-las simbolicamente; e esse é um dos fatores que tornam* o brincar tão importante *para o desenvolvimento da criança. Na análise devemos ter como objetivo o acesso a fantasias e desejos profundamente reprimidos, e ajudar a criança a tornar-se consciente deles [...]. Minha experiência mostrou-me que, ao fazer isso, vamos bem ao encontro das necessidades inconscientes da criança. (Klein, 1961/1994, p. 50, grifos meus)*

Para Klein, "nas crianças que apresentavam inibição intelectual e falta de curiosidade, o sadismo infantil não havia sido suficientemente tolerado para que pudesse vir a transformar-se, por meio de sublimações, em pulsão[8] de saber" (Cintra & Figueiredo, 2010, p. 61). Em síntese: esses pequenos pacientes não puderam viver, com a liberdade necessária, a emergência dos seus instintos. Quando a repressão incide muito precocemente sobre o sadismo infantil, "essas preciosas energias sexuais já não podem mais ser aproveitadas pela sublimação de forma a transformar-se em curiosidade e desejo de saber" (Cintra & Figueiredo, 2010, p. 61).

Em um artigo mais tardio, publicado em 1955, que tem como título "A técnica psicanalítica através do brincar: sua história e significado", Melanie Klein sintetiza a sua prática adquirida desde 1919, e sugere, de

8 Mantive "pulsão", aqui, para a tradução de *Trieb*, pois os autores usam esse termo no texto original.

modo bastante organizado, o uso de brinquedos que deveriam compor o *setting* da análise infantil: pequenos bonecos do gênero masculino e feminino (geralmente de dois tamanhos), carros, trens, aviões, animais, árvores, casas, blocos de montar, massa de modelar, barbante etc. É comum também que as crianças levem "espontaneamente suas próprias coisas e o brincar com elas entra como um fato natural no trabalho analítico" (Klein, 1955/1996, p. 155).

Além disso, a nossa autora indica que os brinquedos de cada criança, assim como as produções realizadas por elas – os desenhos, as colagens, as modelagens etc. –, precisam ser guardados em *gavetas particulares* e trancados a chave após o término de cada sessão. Esse procedimento assegura uma relação de *confiança* entre o par analista-analisando, caracterizando uma situação transferencial confortável para que o pequeno paciente possa se sentir seguro, conforme notamos no seguinte fragmento da análise de Richard:

> *Richard parecia particularmente satisfeito de ver Mrs. K. Disse que "gostava imensamente" dela e que a achava "doce". [...] Imediatamente começou a brincar, formando grupos como anteriormente: algumas crianças juntas; o ministro sozinho no telhado; o ministro e a mulher cor-de-rosa juntos; grupos de animais – dois em um vagão (a vaca e o cavalo), um de frente para o outro, e no outro vagão uma ovelha olhando para eles. [...] Novamente colocou os brinquedos de lado e, como havia feito depois dos desastres anteriores, disse que estava "cansado" deles. Ao dizê-lo* parecia preocupado. *(Klein, 1961/1994, pp. 73-74, grifos meus)*

Portanto, a partir de um *setting* analítico configurado nos padrões propostos por Klein, a criança poderá se interessar – ou não, dependendo do caso – pelos objetos disponibilizados pelo analista. Para ela, o desinteresse pelos brinquedos também deve ser investigado e, por conseguinte, *interpretado*. A fim de ampliar a compreensão dessa dinâmica, cito um trecho de um artigo escrito por ela, em 1955:

> *Em tais jogos, a criança frequentemente assume o papel do adulto, expressando assim não apenas seu desejo de reverter os papéis, mas demonstrando também como sente que seus pais ou outras pessoas de autoridade comportam-se em relação a ela – ou* deveriam *comportar-se. Algumas vezes ela dá vazão à sua agressividade e ressentimento sendo, no papel de um dos pais, sádica em relação à criança, representada pelo analista. (Klein, 1955/1996, p. 155, grifos da autora)*

Lembremos, pois, que essa passagem se refere a um ensaio de 1955. Ou seja, de 1921 até essa data muitos aspectos da teoria kleiniana foram *modificados* em virtude da sua experiência clínica. Ela foi percebendo que a base das ansiedades primárias não estava restrita apenas às questões sexuais, mas também envolvia a constância de uma *força instintual*, que causava, na criança, um sentimento de terror e medo do aniquilamento. Em suma, estamos diante do instinto de morte kleiniano que, diferentemente de Freud (1920), possui um sentido puramente *destrutivo* – e não um desejo de retorno ao inorgânico.[9]

---

9 Em 1920, no clássico *Além do princípio do prazer*, Freud descreve que o nosso aparelho psíquico sofre constantes tensões advindas do conflito entre o instinto de vida (*Eros*) e o instinto de morte. O primeiro estaria voltado à energia libidinal, às paixões, aos elos (de todos os tipos); e, o segundo, estaria associado a um estado de ausência de tensão, promovendo um retorno ao inorgânico. Em outros termos, Freud descobriu que muitas circunstâncias indesejadas e situações afetivas penosas são repetidas e revividas com grande habilidade pelo paciente neurótico, em transferência, na clínica e no dia a dia. Ao constatar que o instinto de morte pode conduzir o indivíduo a um fracasso terapêutico sob as rédeas da compulsão à repetição, Freud lança uma hipótese geral quanto à verdadeira origem dos instintos. Eles teriam como objetivo restabelecer o estado inicial, a saber, o estado inorgânico anterior à vida.

Ficou cada vez mais evidente, para Klein, que o sadismo das crianças gerava conflitos e inibições.

O termo "sadismo", contudo, possui ao longo da nossa história uma conotação patológica e perversa (no sentido de perversidade). De modo oposto, no pensamento kleiniano, o impulso sádico pertence à natureza humana e faz parte da nossa constituição. Essa visão foi fortalecida em 1932, quando Klein adotou a incidência do instinto de morte como uma essência destrutiva que assola o psiquismo desde os seus primórdios. A agressividade infantil pode se revelar, por exemplo, durante as brincadeiras. Essas manifestações incluem a projeção do instinto de morte, visivelmente expressa por meio de ataques contra os objetos – como a mobília, pedaços de papel, e outros materiais disponíveis no espaço terapêutico (*setting*), por exemplo. Notavelmente, essa agressividade pode também se direcionar à figura do analista, evidenciando a complexidade e a profundidade do comportamento agressivo na infância.

Caminhando por essa via, Klein afirma que é *essencial* permitir que essa agressividade ganhe forma no desenrolar da análise, e é de suma importância entender por que esses instintos destrutivos aparecem durante a situação transferencial. Paralelamente a isso, sentimentos de culpa podem surgir após a manifestação de tais instintos, sobretudo quando a criança lida com a circunstância de ter danificado algum brinquedo.[10]

Após a simbolização desses instintos, realizada através do trabalho de interpretação do analista, a criança poderá procurar pelo brinquedo *destruído* em sua caixa lúdica. Esse movimento costuma ocorrer assim que as defesas "baixam a guarda", dando lugar à *culpa* e à reparação

10 Cabe ressaltar, aqui, que a culpa da criança não está relacionada somente à circunstância de ter quebrado algum brinquedo, mas, principalmente, ao fato de ter de encarar o sentimento inconsciente de ter machucado um ente querido em algum momento da vida.

do dano causado ao objeto. Nesse momento, as resistências caem e o amor fica em primeiro lugar.

No ensaio de 1955, Melanie Klein reforça os alicerces do seu modelo interpretativo. Vejamos:

> *As ansiedades que encontrei ao analisar este primeiro caso eram muito agudas e, embora eu me sentisse fortalecida na crença de que estava trabalhando no caminho certo ao observar o alívio da ansiedade produzido repetidas vezes por minhas interpretações, eu ficava por vezes perturbada pela intensidade das novas ansiedades que iam sendo trazidas à tona. Numa dessas ocasiões, busquei conselho do dr. Karl Abraham. Ele respondeu-me que, uma vez que minhas interpretações até então haviam produzido alívio e que a análise da ansiedade obviamente progredia, ele não via motivos para mudar o método de abordagem. [...] A convicção obtida nesta análise influenciou intensamente todo o curso do meu trabalho analítico. (Klein, 1955/1996, p 151)*

Portanto, a interpretação na abordagem kleiniana visa acessar os níveis mais íntimos da psique. É crucial que o analista domine sua técnica para percorrer de modo eficaz as complexas dinâmicas transferenciais de amor e ódio, representativas dos conflitos entre os instintos de vida e de morte. Qualquer retaliação por parte do analista não só obstaculiza a emergência do material analítico, mas também pode comprometer seriamente o progresso da análise.

Acompanhemos a nossa autora:

> *A variedade de situações emocionais que podem ser expressas através de atividades lúdicas é ilimitada: por exemplo, sentimentos de frustração e de ser rejeitado; ciúmes do pai e da mãe, ou de irmãos e irmãs; a agressividade que*

> *acompanha tais ciúmes; o prazer em ter um companheiro e aliado contra os pais; sentimentos de amor e ódio em relação a um bebê recém-nascido ou a um bebê que está sendo esperado, assim como as resultantes ansiedades, culpa e necessidade premente de fazer reparação.* No brincar da criança, também encontramos a repetição de experiências e detalhes reais da vida cotidiana, frequentemente entrelaçados com suas fantasias. *(Klein, 1955/1996, p. 157, grifos meus)*

É raro que uma criança ignore por completo a variedade de brinquedos postos sobre a mesa do terapeuta. Mesmo que ela se afaste totalmente deles ou demonstre um significativo desinteresse, essa atitude daria ao analista um material importante para possíveis interpretações do *mundo interno* do paciente. Quaisquer atividades realizadas pelo infante, como um rabisco agressivo em uma folha de papel ou uma mudança espontânea em sua expressão facial, são conteúdos que merecem uma observação atenta, gerando possíveis interpretações psicanalíticas. Saliento que o simbolismo[11] por trás de cada gesto, dramatização ou introspecção é compreendido na abordagem kleiniana como um material analítico, recebido como transferência do mundo interno, seja por amor e ódio, seja por satisfação e frustração. Nesse sentido, é fácil notar o poder que alguns analisandos têm para *produzir* uma atmosfera "emocionalmente carregada". Nas palavras de Herbert Rosenfeld – um grande continuador do pensamento kleiniano:

> *Algumas de suas projeções [do paciente] são acompanhadas de fantasias que têm uma grande força dinâmica, e essas fantasias são frequentemente vivenciadas pelo paciente* como tão reais *que adquirem um caráter delirante. Essas*

11 Nesse sentido, ver Almeida, A. P. (2020). Melanie Klein e o processo de formação dos símbolos: revisitando o caso Dick. *Estilos da Clínica*, 25(3), 552-567.

> *projeções delirantes parecem exercer* uma forte influência hipnótica sobre o analista, *podendo interferir em suas funções. Elas podem levar à atuação (*acting out*) por parte do analista ou podem fazer o analista sentir-se invadido e sufocado pela projeção. (Rosenfeld, 1988, p. 47, colchetes e grifos meus)*

Essas experiências inquietantes provocadas pelo paciente no analista desaparecem à medida que o terapeuta consegue compreender o que está acontecendo. Para Klein, portanto, somente por meio das interpretações transferenciais o analisando pode reconhecer a origem da sua ansiedade e das suas *fantasias* mais arcaicas. *Grosso modo*, o analisando revive, em análise, questões mal elaboradas com os seus objetos primários e pode, dessa forma, reexaminar essas relações, diminuindo efetivamente as suas ansiedades – conforme abordamos anteriormente.

Vejamos, no exemplo a seguir, como esse processo ocorre na prática:

> *Trude, na idade de quatro anos e um quarto, constantemente fingia que era noite durante a sessão analítica. Nós duas tínhamos que ir dormir.* Depois ela saía do canto que dizia ser seu quarto, aproximava-se de mim silenciosamente e fazia todo tipo de ameaças. *Dizia que iria cortar minha garganta, me atirar no quintal, me queimar ou me entregar para o policial. Tentava amarrar meus pés e minhas mãos [...]. Depois pegou as almofadas, que costumava chamar de "crianças", e se escondeu com elas no canto do sofá, onde se agachou com nítidos sinais de medo, se cobriu, chupou o dedo e fez pipi. Essa situação sempre se repetia depois de seus ataques contra mim. (Klein, 1926/1996, p. 156, grifos meus)*

Através da análise do brincar de Trude, Klein compreendeu o que se passava em seu mundo interno, bem como as causas da sua ansiedade e do ato de molhar a cama com *xixi*. Na época da análise, a mãe de Trude estava grávida e isso explica a sua raiva excessiva representada na brincadeira. Trude queria retaliar o corpo da mãe e *roubar* os seus bebês. Aos olhos de Klein, a criança estava vivenciando parte do seu conflito edipiano, ou seja, suas emoções de amor e ódio em relação à mãe estavam mais fortes do que nunca. Junta-se a isso uma ansiedade avassaladora derivada da culpa das suas fantasias sádicas, o que resultava em uma repetição quase obsessiva da menina pela mesma brincadeira.

Durante o tratamento, Trude sempre se machucava antes da sessão de análise. Klein descobriu que os objetos com os quais a menina se feria significavam, de acordo com as suas identificações primitivas, a mãe ou o pai – como uma espécie de compensação punitiva dos seus pensamentos agressivos. "De modo geral, constatei que *estar em guerra*, cair e se machucar estavam intimamente ligados ao complexo de castração e ao sentimento de culpa, principalmente no caso de crianças muito pequenas" (Klein, 1926/1996, p. 156, grifos meus).

De acordo com o que vimos até aqui, Klein concebe que o indivíduo, desde os seus primeiros momentos de vida, possui um *ego arcaico* que *projeta* para o ambiente (ou para alguém) emoções que não é capaz de simbolizar. Esse mecanismo de defesa pode ser acionado, de maneira inconsciente, sempre que vivenciamos alguma experiência que nos provoque algum tipo de mal-estar – isso irá depender da *força do ego*, pois quanto mais forte, mais ele terá capacidade de lidar com as frustrações e com os conflitos advindos do instinto de morte.

Para Klein, "a redução do conflito ou seu deslocamento para o mundo externo através dos mecanismos de cisão e projeção é um dos principais incentivos para a transferência e uma das forças motrizes do trabalho analítico" (Klein, 1929/1996, p. 237). O exemplo de Trude evidencia como essa turbulência emocional ocorre na análise de crianças.

O analista deve ter ciência de que é visto pelo paciente como uma *representação* do seu mundo interno. Dessa forma, poderá ser sentido como bom ou mau. Uso o termo "sentido", pois as fantasias inconscientes são vivenciadas pelo sujeito como *memories in feelings* (memórias em sentimentos), ou seja: uma experiência que transcende o psíquico e invade o corpo (do analisando e do analista).

É inevitável, porém, que manifestações de agressividade ou culpa possam ser esperadas no decorrer de um processo analítico, pois conforme o paciente vai *reativando* questões mal elaboradas, ele passa, também, a recorrer aos mesmos conteúdos defensivos que utilizou em algum momento da sua existência. Vejamos:

> *É parte essencial do trabalho interpretativo que ele se mantenha em compasso com as flutuações entre amor e ódio; entre felicidade e satisfação de um lado e ansiedade persecutória e depressão do outro. Isto implica que o analista* não deve *mostrar desaprovação por ter a criança quebrado um brinquedo. Ele não deve, no entanto, encorajar a criança a expressar sua agressividade, ou sugerir a ela que o brinquedo poderia ser consertado. Em outras palavras, ele deve permitir à criança vivenciar suas emoções e fantasias na medida em que aparecem. Sempre foi parte de minha técnica* não utilizar-me de influência moral ou educativa, *mas ater-me apenas ao procedimento psicanalítico que, resumidamente, consiste em* compreender a mente do paciente e comunicar a ele o que ocorre nela. *(Klein, 1955/1996, p. 157, grifos meus)*

Ao analisarmos todas as contribuições de Klein e as inovações propostas por seu pensamento, é inevitável que sejamos acometidos por uma questão: as crianças pequenas são intelectualmente capazes de compreender tais interpretações? A própria autora nos responde:

"Minha experiência e a de meus colegas têm sido de que, se as interpretações dizem respeito a pontos relevantes no material, elas são *plenamente compreendidas*" (Klein, 1955/1996, p. 160, grifos meus).

Tais aspectos podem ser facilmente encontrados ao longo de toda a descrição do caso Richard. Cito aqui um trecho em específico:

> *Richard contou que muitas vezes* sentia medo à noite, *e até quatro ou cinco meses atrás ficava realmente aterrorizado. Ultimamente também andava se sentindo* "só e abandonado", *antes de pegar no sono. Frequentemente se preocupava com a saúde da Mamãe:* algumas vezes ela não estava bem. *Uma vez foi trazida de maca para casa, depois de um acidente: tinha sido atropelada. Isso aconteceu antes de ele nascer; haviam-lhe contado o fato, mas ele sempre pensava sobre isso. [...] À noite, muitas vezes* temia *que um homem mau – uma espécie de vagabundo*[12] – viesse e raptasse a Mamãe *durante a noite. Imaginava então como ele, Richard, iria ajudá-la, queimando o vagabundo com água fervendo e deixando-o inconsciente; e se ele, Richard, tivesse que morrer, não se importaria muito – não, ele se importaria muito –, mas isso não o impediria de salvar a Mamãe. (Klein, 1961/1994, p. 24, grifos meus)*

12 Esse "vagabundo" a que Richard faz menção em seu relato aparece sempre ao longo das sessões. Em síntese, podemos interpretá-lo como "o representante mau" dos próprios sentimentos de Richard. Uma projeção de suas próprias caraterísticas negativas. É comum ver nos contos de fadas: uma "bruxa má" ou um "lobo mau" – segundo uma perspectiva kleiniana – podem ser interpretados como um aspecto mau da própria criança, assustada com a intensidade de suas próprias emoções. Com efeito, com o intuito de se proteger dessa turbulência interna, esses "objetos maus" são projetados para fora do ego (escindidos) – sendo esse um dos motivos que faz a criança ter medo de ficar sozinha.

O trecho selecionado não deixa margem para dúvidas: Richard estava vivendo o auge do *conflito edipiano*. Durante a conversa, Klein indagou o menino como ele acreditava que o "vagabundo" conseguiria invadir o quarto da Mamãe. Depois de alguma hesitação, Richard respondeu que o invasor poderia ingressar através da janela, possivelmente *arrombando-a*. Ainda sobre o assunto, Klein perguntou se Richard imaginava que o invasor poderia causar algum dano à Mamãe. "Richard (relutantemente) respondeu que achava que o homem poderia machucá-la, mas que ele, Richard, iria salvá-la" (Klein, 1961/1994, p. 24).

Valendo-se da interpretação psicanalítica, Klein sugere que o "vagabundo" – que supostamente machucaria a Mamãe durante a noite – poderia ser facilmente comparado com Hitler – pauta em diversas sessões, devido ao contexto da Segunda Guerra. Richard, ciente de que Klein era austríaca (e judia), temia que ela fosse alvo das barbáries do nazismo. Após realizar a interpretação, nossa autora adiciona notas de que o menino possivelmente temia que, durante a noite, enquanto seus pais estivessem na cama, algum incidente envolvendo os seus genitais pudesse ocorrer, resultando em possíveis danos para a Mamãe. "Richard ficou surpreso e amedrontado. Parecia não compreender o que a palavra 'genital' significava.[13] Até esse ponto ele obviamente havia entendido e tinha ouvido com sentimentos mistos" (Klein, 1961/1994, p. 25).

Na segunda nota referente a essa primeira sessão, Klein afirma algo de suma importância sobre o uso da interpretação:

---

13 Em nota de rodapé, Klein nos diz: "Eu havia perguntado à mãe de Richard como ele costumava designar seus órgãos genitais, e ela dissera que ele não tinha nenhuma expressão e nunca se referia a eles. Parecia que tampouco tinha nomes para os atos de urinar e defecar; mas quando introduzi as palavras 'cocô' e 'xixi', e algum tempo mais tarde 'fezes', ele não teve dificuldade para compreender essas expressões" (Klein, 1961/1994, p. 25).

> *Quando o paciente está profundamente ocupado com suas relações com o pai ou a mãe, irmão ou irmã, com suas experiências do passado ou mesmo do presente, é necessário dar-lhe toda oportunidade de expandir esses assuntos. A referência ao analista, então, tem de vir* posteriormente. *Em outras ocasiões, o analista pode sentir que, independentemente do que o paciente esteja falando, toda a ênfase emocional está na sua relação com o analista. Neste caso, a interpretação referir-se-ia primeiramente à transferência. É desnecessário dizer que uma interpretação transferencial sempre significa referir as emoções vivenciadas com o analista a objetos anteriores.* De outro modo, seu propósito não será cumprido a contento. *Esta técnica da interpretação transferencial foi descoberta por Freud nos primórdios da psicanálise e conserva toda a sua importância. A intuição do analista deve guiá-lo para reconhecer a transferência em material no qual ele possa não ter sido diretamente mencionado. (Klein, 1961/1994, pp. 26-27, grifos seus)*

Cabe destacar que a nossa autora considera importante, no início do tratamento de crianças, entender o que *elas* compreendem a respeito da palavra *genital*. Por exemplo, quando questionado se sabia como os bebês cresciam dentro da Mamãe, Richard negou saber a resposta. Contudo, posteriormente ele admitiu ter algum conhecimento sobre o assunto: "A Mamãe tinha lhe contado que os bebês cresciam dentro dela, que ela possuía ovinhos ali e o Papai colocava algum tipo de fluido lá dentro que fazia os ovinhos crescerem" (Klein, 1961/1994, p. 25). Richard – aparentemente *sem consciência do que seria o ato sexual*, ou mesmo dos nomes dos órgãos genitais – prosseguiu dizendo que o Papai era muito legal e que nunca faria nada para machucar a Mamãe.

> Mrs. K. interpretou que ele poderia ter pensamentos contraditórios sobre o Papai. *Embora soubesse que o Papai era um homem bondoso, à noite, quando estava com medo, poderia temer que o Papai estivesse fazendo algum mal à Mamãe. Quando pensava no vagabundo, não lembrava que o Papai estava no quarto com a Mamãe, que a protegeria; e isso porque, sugeriu Mrs. K.*, ele sentia que era o próprio Papai que poderia machucar a Mamãe. *[...] Durante o dia achava que o Papai era bonzinho, mas durante a noite, quando ele, Richard, não podia ver seus pais e não sabia o que eles estavam fazendo na cama*, poderia ter sentido que o pai era mau e perigoso *[...]. (Klein, 1961/1994, pp. 25-26, grifos meus)*

É possível perceber, assim, que logo na primeira sessão de Richard, "[...] Melanie Klein se põe a mobilizar angústias ao invés de diminuí-las" (Metlzer, 1990, p. 16). Portanto, a técnica que ela utiliza para trabalhar com as ansiedades de Richard não consiste em amenizá-las, mas sim, a depender da angústia em questão, em *acentuá-las* – recurso que, a seu ver, facilitaria o uso da interpretação, atingindo as profundezas do funcionamento psíquico. Isso não quer dizer que Klein tinha uma conduta imprudente e insensata. Pelo contrário, ela mergulhava fundo, sem receio de buscar as raízes das inibições.

Em contrapartida, o analista de crianças precisa se ater ao *cuidado* de formular as suas interpretações numa linguagem cristalina e objetiva, utilizando expressões da *própria criança* para fazê-lo. Quando "se traduz em palavras simples os pontos essenciais do material a ele apresentado, ele [analista] entra em contato com aquelas emoções e ansiedades que estão mais operantes no momento" (Klein, 1955/1996, p. 160, colchetes meus).

Isso posto, considero crucial entender de que forma a autora compreende os matizes do desenvolvimento psíquico, pois a sua teoria, após 1946, será *totalmente* alterada e adaptada a partir das suas novas hipóteses sobre as "posições" (esquizoparanoide e depressiva).

O segundo momento: o desenvolvimento psíquico para Melanie Klein a partir da teoria das posições

> *A relativa capacidade constitucional dos instintos*[14] *de vida e de morte é o maior determinante de qual código do bebê irá ser utilizado para interpretar a experiência. Experiências interpretadas de acordo com o instinto de morte terão significados agressivos e perigosos, enquanto a experiência organizada em termos de instinto de vida será compreendida em termos de amor e acolhimento.*
>
> (Ogden, 2017, p. 26)

Como mencionei, Klein desenvolveu grande parte da sua teoria de acordo com o que observou na análise de crianças muito pequenas. Assim ela entendeu que, desde o início da vida, a nossa psique é tomada por *impulsos sádicos e vorazes*. Para ela, o bebê nasce atravessado por essa força destrutiva (*death instinct*),[15] fazendo-o perceber a realidade do mundo externo como uma ameaça à sua existência.

---

14 Gostaria de avisar ao leitor que substituí a tradução original em português de "pulsão" por "instinto", pois, conforme já informado, na tradição inglesa da psicanálise não existe o termo "pulsão". Farei isso em todas as citações diretas dos ensaios de Melanie Klein.

15 De acordo com Almeida e Naffah Neto (2021): "existem, ainda hoje, intensas discórdias sobre qual é a melhor tradução para o conceito freudiano de *Trieb*. Desde a proposta lacaniana de um novo termo: *pulsion*, como tradução de *Trieb*, a fim de distingui-lo do outro termo alemão usado por Freud: *Instinkt*, muito se tem discutido a respeito. No Brasil, em que pese o fato de a maioria dos autores ter optado pelo termo 'pulsão', seguindo os franceses, há tradutores de Freud, como Paulo César de Souza, que vêm traduzindo as *Obras Completas* para a Companhia das Letras, sugerindo que o texto freudiano original não permite a distinção clara entre *Trieb* e *Instinkt*, optando, desse modo, por uma tradução única dos dois termos: 'instinto'" (p. 4). Sem querer tomar, aqui, qualquer partido nessa polêmica (já que

A teoria kleiniana é criada praticamente inteira com base na concepção do "instinto destrutivo". Nas palavras da autora: "A necessidade vital de lidar com a ansiedade força o ego arcaico a *desenvolver mecanismos e defesas fundamentais*" (Klein, 1946/1996, p. 24, grifos meus). Dentre essas defesas, a mais importante e fundamental é a "cisão" (*split*). É através dela que o bebê preserva o seu ego, projetando para fora dele toda essa gama de emoções incompreensíveis e ausentes de simbolismo. A verdade é que: "O bebezinho desamparado deseja, sobretudo, voltar ao conforto do útero materno, portanto, *seu ego frágil não sustenta a tensão provocada pelo instinto de morte* que, para Klein, é potencialmente destrutivo" (Almeida, 2022, p. 145, grifos meus).

Por conta dessas frequentes sensações de desconforto, ocasionadas pela drástica alteração do ambiente, o recém-nascido sente-se constantemente perseguido por *forças hostis* – resultado da clivagem do ego e, por conseguinte, desses fragmentos que são lançados ao ambiente como uma forma de defesa primária.

Pois bem, se a primeira defesa do infante é a clivagem do ego, que projeta *partes de si mesmo* para fora, teremos aí um desequilíbrio, como aponta Almeida:

> *Por outro lado, como diz o dito popular, teremos, então, "dois pesos e duas medidas". Ou seja, se o ego cinde e fica, por sua vez, despedaçado ao projetar suas angústias aniquiladoras para fora,* o objeto externo também ficará cindido por efeito dessas penosas projeções. *Desse modo,*

---

não tenho competência para tanto), usarei o termo *instinto*, apenas para cotejar com as traduções de Paulo César de Souza (referência das minhas citações). Vale lembrar que, na tradição inglesa – base da minha pesquisa – não se usa o vocábulo "pulsão" haja vista que se trata de uma invenção francesa. À guisa de curiosidade, outra excelente coletânea dos textos freudianos está sendo publicada pela editora Autêntica, sob o título de *Obras incompletas de S. Freud*. Nessa coleção, editada por Gilson Iannini, os tradutores optaram pela palavra *pulsão*.

> *o bebê percebe a mãe que cuida e acalenta como um objeto bom, na medida em que a intensidade de suas projeções diminui – o que a autora chamou de* seio bom. *Simultâneo a isso, quando as projeções ocorrem de maneira muito avassaladora e desordenada, a mãe é sentida como ruim, por mais que ela exerça um cuidado por esse bebê – aqui, nos encontramos com o* seio mau. *(Almeida, 2022, p. 145, grifos meus)*

Como vimos, a *cisão* é um poderoso mecanismo de defesa do nosso psiquismo. Klein atribui a ela um destaque tão importante quanto a *repressão* no pensamento de Freud (ver *Notas sobre alguns mecanismos esquizoides*, 1946/1996). Vale lembrar que a cisão é um recurso importantíssimo usado pelo psiquismo ainda imaturo, devido ao fato de o bebê ser incapaz de lidar com a ambivalência de sentimentos – ele não tem maturidade para perceber que "ama e odeia" *o mesmo* objeto (a figura materna). A propósito, Thomas Ogden propõe uma analogia interessante sobre a cisão. Vejamos:

> *Apesar de Klein não utilizar analogias etológicas, eu faria uma analogia entre a clivagem e a resposta não aprendida de um pintinho, frente à percepção do padrão das asas de um falcão. A reação do pintinho é a de fugir e não de atacar o falcão (exceto quando encurralado), isto é,* separar-se do perigo. *[...] Cada uma das defesas psicológicas primitivas pode ser vista como uma construção sustentada no modo de manejo do perigo observado na clivagem, isto é, construída com base no esforço biologicamente determinado de* gerar segurança através do distanciamento entre ameaçador e ameaçado. *(Ogden, 2017, pp. 53-54, grifos meus)*

A clivagem (cisão) do ego tende a ser o resultado de uma forte ansiedade que está relacionada, entre outros aspectos, à *necessidade frustrada de controle*. O recém-nascido não consegue *organizar* essa nova realidade – sentida por ele como ameaçadora – controlando-a do seu modo; o que ele pode fazer é *reagir*. Nesse sentido, "O impulso destrutivo é parcialmente projetado para fora (deflexão do instinto de morte) e, acredito, prende-se ao primeiro objeto externo, o seio da mãe" (Klein, 1946/1996, p. 24).

Para Klein, como já salientado anteriormente, o fator constitutivo é extremamente importante. O que ocorre é que, para ela, o *impacto da força instintual inata* é mais relevante à construção do ser. Acompanhemos as suas ideias:

> *Temos razões, creio eu, para supor que algumas funções que encontramos no ego mais tardio lá* estão desde o início. *Proeminente entre elas é a de lidar com a ansiedade. Considero que a ansiedade surge da operação do instinto de morte dentro do organismo, é sentida como medo de aniquilamento (morte) e toma a forma de medo de perseguição. O medo do impulso destrutivo parece ligar-se imediatamente a um objeto, ou melhor, é vivenciado como medo de um incontrolável objeto dominador. (Klein, 1946/1996, pp. 23-24)*

Uma vez que a força do instinto de morte é tão avassaladora, inevitavelmente a figura cuidadora acabará sendo percebida pelo bebê de forma *persecutória*. Devido à imaturidade e à ausência da capacidade simbólica, o infante projetará, na figura materna, as suas próprias ansiedades internas – percebendo-a, assim, de maneira confusa e desorganizada. Essa é a razão pela qual o bebê leva algum tempo para entender que a mãe que cuida (seio bom) é a mesma mãe que falha (seio mau). Cito Klein:

> *A questão que se coloca é se alguns processos ativos de cisão dentro do ego podem ocorrer mesmo num estágio tão inicial.*

> *Como supomos,* o ego arcaico cinde ativamente o objeto e a relação com este e isso pode implicar certa cisão ativa do próprio ego. *De qualquer modo, o resultado da cisão é uma dispersão do impulso destrutivo sentido como fonte de perigo. Sugiro que a ansiedade primária de ser aniquilado por uma força destrutiva interna, com a resposta específica do ego de despedaçar-se ou cindir-se, pode ser extremamente importante em todos os processos esquizofrênicos. (Klein, 1946/1996, p. 24, grifos meus)*

Por ainda possuir um ego extremamente fragilizado e ser dominado por esse instinto destrutivo, o lactente "não tem escolhas", a não ser a de se proteger daquilo que é sentido como uma ameaça, projetando todo o seu instinto de morte para fora, distanciando o ameaçado (ele mesmo) do ameaçador (nesse caso, os objetos modificados pelos seus próprios instintos). O grande problema é que, ao projetar para fora esses fragmentos hostis, *a ameaça,* que antes era sentida internamente, agora está "solta" e "livre" no ambiente. Com efeito, o mundo externo e os objetos que o compõem passam a ser percebidos de maneira igualmente hostil. Esse é um dos grandes dilemas da "posição esquizoparanoide".

Metaforicamente, o sujeito esquizoparanoide sente-se perseguido pelas próprias ansiedades internas, da mesma maneira que um cachorro rodopia exaustivamente na tentativa de atacar o próprio rabo que "o persegue". Afinal, como diz o ditado popular: "tudo que vai, volta". A mesma dinâmica ocorre com o psiquismo kleiniano: o que é projetado volta a ser introjetado. Nas palavras de Klein:

> *A introjeção e a projeção também são usadas desde o início da vida a serviço desse objetivo primário do ego. A projeção, tal como Freud descreveu, origina-se da deflexão do instinto de morte para fora e, a meu ver, ajuda o ego a superar a ansiedade livrando-o de perigo e de coisas más.*

> A introjeção do objeto bom é também usada pelo ego como uma defesa contra a ansiedade. *(Klein, 1946/1996, p. 25, grifos meus)*

Entretanto, uma mudança significativa pode ser observada nos bebês quando as suas vivências são predominantemente satisfatórias: ao "suportar" as necessidades do lactente, a figura materna passa a ser sentida como um "objeto bom". Assim, cabe dizer que uma das primeiras experiências sentidas como algo plenamente bom é a *amamentação* – visto que ela atrela uma necessidade fisiológica com uma vivência psíquica.

Nesse aspecto, percebemos uma conexão entre o corpo (fome) e o psiquismo (sensação de saciedade). Em suma, ao receber o seio nutridor, o bebê dirige a ele sua inteira *gratificação*, percebendo-o como o *seio bom*. Na mesma proporção, ele investe os seus ímpetos destrutivos no *seio mau*, que tendem a se intensificar quanto mais a figura cuidadora o frustra.

> *Portanto, além da separação entre um seio bom e um seio mau na fantasia do bebê, o seio frustrador – atacado em fantasias sádico-orais – é sentido como fragmentado; e o seio gratificador – tomado para dentro sob a prevalência da libido de sucção – é sentido como inteiro. Esse primeiro objeto bom interno atua como um ponto focal no ego. (Klein, 1946/1996, p. 25)*

Para Klein, esses processos de cisão, onipotência e idealização do seio bom e ódio do seio mau duram, aproximadamente, até os 4 meses de idade. Ela chamará essa dinâmica de "posição paranoide"[16] em seus

16 Em uma nota de rodapé do artigo "Notas sobre alguns mecanismos esquizoides", Klein afirma que até a data dessa publicação (1946) ela utilizava o termo "posição

primeiros ensaios até definir, em 1946, o termo que se consagrará no universo psicanalítico: "posição esquizoparanoide".

Em síntese: enquanto o ego do bebê está "cindido", ele projeta toda a sua destrutividade, vinda do instinto de morte, para o único objeto com o qual mantém contato – embora ainda percebido como um objeto parcial, pois tanto a criança quanto a figura cuidadora estão *fusionadas*, devido ao uso frequente das *identificações projetivas*.[17] Como consequência desses ataques, o bebê teme a retaliação do objeto. Em sua *fantasia*, ele sente-se perseguido e acredita que será destruído com a mesma força sádica que atacou o objeto em primeira instância. Esse movimento constitui grande parte das ansiedades centrais da posição esquizoparanoide.

Retomando o caso Richard, percebemos essa situação e as respectivas interpretações kleinianas na seguinte passagem (ver Figura 2.1):

> *A parte de si mesmo que atacava seu* self *submarino U – e o John mau (e Paul)*[18] *– , embora fosse sentida como refreando e punindo suas próprias tendências hostis, fazia-o*

paranoide" como sinônimo da "posição esquizoide", proposta por W. R. D. Fairbairn (Klein, 1946/1996, p. 21).

17 A *identificação projetiva* é um mecanismo de defesa originário da posição esquizoparanoide, que ocorre desde o início da vida do bebê. "Sendo ainda tão precário e vendo-se assaltado por pulsões tão violentas, o ego arcaico não encontra outro caminho senão enviar 'partes do seu self' (aqui, 'self' abrange um conglomerado primitivo 'ego-id') ao ambiente, *para que este ambiente providencie algum tipo de processamento destes seus aspectos 'insuportáveis'*" (Cintra & Figueiredo, 2010, p. 103, grifos meus). Podemos pensar a identificação projetiva como um *grito de socorro*, pois, ao não conseguir processar alguma ansiedade, a *cisão* é a única saída encontrada pela psique para expulsar tamanha turbulência interna. Quando essas partes más do ego são projetadas para fora, o indivíduo sente-se aliviado. Contudo, lembremos: toda projeção envolve um empobrecimento do ego; afinal, uma parte do ego é sempre impulsionada para fora, resultando no seu enfraquecimento e numa fusão/mistura entre sujeito-objeto.

18 John era outro paciente de Klein e Paul era o irmão mais velho de Richard.

> *de forma agressiva e raivosa; era, portanto, representada também por um submarino U [o superego temido]. Mas, como sentia que esta parte estava fazendo o que era certo, a suástica*[19] *do U 2 saiu um pouco mais nítida* – parecia uma mistura de bandeira inglesa e suástica, *quer dizer, uma mistura do que ele sentia ser seu bom e seu mau* self. *(Klein, 1961/1994, p. 69, grifos meus)*

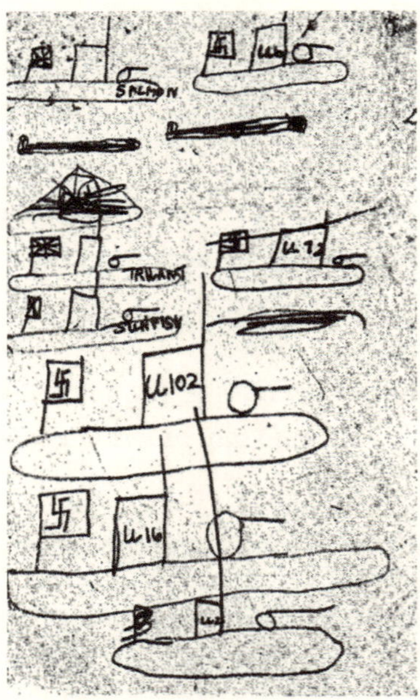

Figura 2.1 Desenho feito por Richard, presente na p. 488, do livro *Narrativa da análise de uma criança* (Klein, 1961/1994).

Richard estava representando, por meio dos seus desenhos, a *fusão* do objeto bom com o objeto mau – "uma mistura de bandeira inglesa

19 Suástica é um símbolo religioso em forma de cruz cujas hastes têm extremidades recurvas ou angulares, usado com os braços voltados para o lado direito, adotada como emblema oficial do III Reich e do Partido Nacional-Socialista alemão, ou seja, a Alemanha nazista de Hitler.

e suástica" –, que ainda não eram reconhecidos como separados. Isso foi interpretado por Klein como uma das causas centrais das suas ansiedades, evidenciando a imaturidade psíquica do paciente. Mais para a frente, em outro trecho do livro, a autora afirma:

> *Somente depois que essa ansiedade [persecutória] foi analisada e até certo ponto diminuída é que os sentimentos depressivos, a culpa e o desejo de reparar vieram à tona com intensidade. Richard, por exemplo, mostrou-se capaz de ficar sozinho no hotel, um ganho que, estou certa, é decorrente da análise; nesse momento em particular ele sentia que, ao fazer isso, ajudava a mãe e protegia sua análise. Em meu artigo "Uma contribuição à psicogênese dos estados maníaco-depressivos" (1935) referi-me ao fato de que os sentimentos persecutórios podem ser reforçados como um meio de evitar a dor de experimentar a culpa, responsabilidade e depressão; nesse mesmo artigo sugeri que a incapacidade de elaborar a posição depressiva pode muitas vezes levar a uma* regressão *à posição [esquizo]paranoide. (Klein, 1961/1994, p. 314, grifos e colchetes meus)*

Acho conveniente explicar o motivo pelo qual Klein adotou o termo "esquizo" para denominar esse estado em que ocorre uma fragmentação ou cisão do ego. Como vimos, ao nascer, o bebê tende a ver o mundo de forma dicotômica, *dividindo os objetos em bons e maus*. Em virtude dessa cisão, o objeto é sempre percebido como algo parcial, podendo ser amado e idealizado ou odiado e temido.

Já o termo "paranoide refere-se a um estado no qual predominam sentimentos de *desconfiança*, *hostilidade* e a *suspeita* de que os objetos externos estão tramando algo em relação ao sujeito. Na paranoia há uma tendência a interpretar as ações e intenções dos outros como ameaçadoras e persecutórias. Tais fatores caracterizam, pois, a "posição esquizoparanoide".

Nela, de maneira quase constante, dois tipos de angústia são sentidos pelo indivíduo: 1) a *angústia de aniquilamento*, que surge como resultado da ação do instinto de morte; 2) a *angústia persecutória*, quando o bebê se sente ameaçado e perseguido pelo objeto externo, receptor das suas projeções destrutivas.

Devido ao elevado grau de fragilidade do ego, "[...] essas experiências são sentidas desde o início como sendo causadas por objetos. Mesmo se esses objetos são sentidos como externos, *através da introjeção* eles se tornam perseguidores internos e assim reforçam o medo do impulso destrutivo interno" (Klein, 1946/1996, pp. 23-24, grifos meus). Tudo é uma grande confusão na vida inicial do bebê que, se não utilizar a cisão (percebendo, assim, a realidade de maneira dividida, entre boa e má), poderá, facilmente, enlouquecer. Como bem afirma Ogden:

> *O bebê* deve ser capaz de clivar *para que possa se alimentar de modo seguro, sem a intrusão da ansiedade de que está machucando sua mãe e sem a ansiedade de que ela irá machucá-lo. É necessário que o bebê sinta que a mãe que está cuidando dele é totalmente amorosa e não tem conexão alguma com a mãe que o "machuca" ao fazê-lo esperar. A ansiedade que emerge do pensamento que a mãe acolhedora e a mãe frustrante são a mesma roubaria do bebê a garantia que ele necessita para se alimentar de forma segura. (Ogden, 2017, pp. 62-63, grifos meus)*

Desse modo, paradoxalmente, o infante necessita da clivagem do ego para confiar no bom objeto (seio bom), que precisa estar lá para confortá-lo de todo o seu terror esquizoparanoide. Não obstante, o uso massivo desse mecanismo dificulta a capacidade do bebê para lidar com a *ambivalência*. Se o indivíduo sente a necessidade incessante de se precaver através da clivagem, presumimos que a sua confiança no meio externo é relativamente pequena. Sobre isso, acompanhemos Petot:

> *Na falta desta separação, o bom objeto não pode ser considerado como tal, sendo assim impossível para o lactente proteger e assegurar, na e através de uma relação de confiança com o objeto ideal, a segurança do ego. Na ausência desta clivagem primitiva do bom e do mau seio (incluindo a forma extrema que opõe o seio "ideal" ao "seio muito mau") não pode haver edificação do bom objeto e não há, portanto, nada que tenha a natureza propícia a constituir o núcleo (*core*) organizador do ego, em seguida, do superego. (Petot, 2016, pp. 109-110)*

Partindo desse pressuposto, desde os primeiros momentos de vida o bebê vai introjetando o seio de diversas formas, como uma espécie de *mosaico,* constituído por múltiplas peças. Assim, se o seio é "sentido" como uma representação do seu mundo interno, há de se convir que o recém-nascido nunca estará diante do mesmo seio, até que o seu senso de percepção se amplie e o ego arcaico amadureça.

Caso os cuidados predominem, o bebê conseguirá, por fim, *internalizar* o que Klein designou *bom objeto* (lembranças de um cuidado satisfatório) – fator que favorece a *integração do ego*.

Aproximadamente no sexto mês de vida – quando costuma ocorrer o desmame –, a ansiedade do bebê tende a ser sentida de forma diferente, pois as relações de objeto que, antes eram *parciais*, passam a ser *totais*. Isto é: a criança percebe que a mãe cuidadora (boa) é a mesma mãe que a frustra (má), fazendo com que o lactente entre em conflito por não saber se, ao atacar o seio mau, acabará ferindo também o seio bom. Eis aqui um novo momento do desenvolvimento psíquico: tendo alcançado certo grau de integração, o bebê passa a se *responsabilizar* pelos ataques ao seio bom, merecedor de todo amor e gratificação, conquistando o que Klein denominou "posição depressiva". Em suas palavras:

> *Com a introjeção do objeto completo, ao redor do segundo trimestre do primeiro ano, são dados passos importantes para a integração. Isso implica mudanças importantes na relação com os objetos.* Os aspectos amados e odiados da mãe não são mais sentidos como tão separados, *e o resultado é uma intensificação do medo da perda, estados afins ao luto e um forte sentimento de culpa,* porque os impulsos agressivos são sentidos como sendo dirigidos contra o objeto amado. *A posição depressiva passa a primeiro plano. A própria experiência dos sentimentos depressivos, por sua vez, tem por efeito uma maior integração do ego, porque resulta numa maior compreensão da realidade psíquica e melhor percepção do mundo externo, como também maior síntese entre situações internas e externas. (Klein, 1946/1996, p. 33, grifos meus)*

Em síntese, podemos dizer que as interpretações kleinianas dirigidas a Richard possuem como objetivo "trazê-lo" para a posição depressiva – conforme demonstrei na última citação do caso. É nesse período da vida que o indivíduo passa a sentir a realidade externa de forma distinta, uma vez que na posição esquizoparanoide ele percebia o mundo de modo parcial (cindido entre bom e mau). Acompanhemos o pensamento de Klein:

> *Embora algum grau de integração seja uma precondição para a capacidade do ego de introjetar a mãe e o pai como pessoas inteiras, o desenvolvimento maior na linha de integração e da síntese é iniciado quando a posição depressiva vem para o primeiro plano. Os vários aspectos* – amados e

> odiados, bons e maus – *dos objetos aproximam-se, e esses objetos são agora* pessoas inteiras. *(Klein, 1952/1996b, p. 97, grifos meus)*

Na linhagem kleiniana é de suma importância que seja analisado o período primitivo da vida do paciente que se manifestará, sobretudo, na relação transferencial (no *aqui e agora* com o analista). Essa seria a *única via* de compreensão das transferências positivas e negativas, provenientes das ansiedades persecutórias, sentimento de culpa e agressividade do indivíduo. Vale salientar que Klein defende o valor da interpretação das transferências positivas e negativas. Para ela, da mesma forma que o instinto de vida e de morte (amor e ódio) estão interligados, a ambivalência irá predominar na cena transferencial, *às vezes cindida e às vezes integrada*. Cito a autora:

> *Em termos gerais, na mente do bebezinho, toda experiência externa está entrelaçada com suas fantasias e, por outro lado, toda fantasia contém elementos da experiência real,* e é unicamente analisando a situação de transferência em sua profundidade que seremos capazes de descobrir o passado, *tanto em seus aspectos realistas quanto em seus aspectos fantasiosos. (Klein, 1952/1996a, p. 77, grifos meus)*

Se estamos tecendo considerações sobre o bom e o mau objeto introjetado, a figura do analista pode representar, de forma simultânea, esses dois elementos. Será somente através da conexão contínua das experiências atuais com as primitivas – e vice-versa – que passado e presente poderão se conectar, ou seja, se *integrar*. Articulando tais ideias com o caso Richard, apresento outra passagem do caso que vai ao encontro das minhas explicações. Nas notas referentes à sessão de número 83, encontramos:

> *Tanto os sentimentos persecutórios como o ressentimento contribuíram intensamente para os ataques de Richard a mim dirigidos. Como podemos ver por sua resposta, ele também triunfou sobre mim porque nesse caso o "V" de Vitória significava a vitória sobre mim, a quem ele havia cortado em pedaços. A regressão a formas antigas de ataques, tais como rasgar e morder, e as ansiedades persecutórias correspondentes eram, portanto, utilizadas para fugir à depressão e ao desespero. Já assinalei, falando em termos gerais, que a incapacidade de suportar a posição depressiva muitas vezes leva a uma regressão à posição anterior, esquizoparanoide. (Klein, 1961/1994, p. 416)*

Sintetizando: é por meio da diminuição da ansiedade persecutória (proveniente da posição esquizoparanoide) e da culpa advinda da responsabilidade dos impulsos destrutivos (resultado da posição depressiva), que o indivíduo consegue lidar com a ambivalência, *possibilitando ao ego um ganho de força, integrando-o gradativamente*. Trata-se de um trabalho altamente sofisticado, feito pela via da interpretação das fantasias inconscientes, quando consideramos a linhagem kleiniana.

Uma passagem de *Crime e castigo*, de Dostoiévski, a meu ver, representa lindamente esse "quebra-cabeça", relativo ao nosso mundo interno, constituído por pedaços de ansiedades, medos, projeções e introjeções que, juntos, dão sentido às experiências da vida:

> *Os fantasmas, por assim, são farrapos e fragmentos de outros mundos, o seu sinal. Para a pessoa saudável, é claro, não há motivo para ver fantasmas, porque a pessoa saudável é, acima de tudo, uma pessoa terrena e, portanto, deve viver apenas a vida local, para a plenitude e para a ordem. Muito bem, mas se ela adoecer um pouquinho só, se a ordem terrena do organismo sofrer apenas uma leve*

> *perturbação, na mesma hora começa a se manifestar a possibilidade de outro mundo, e quanto mais doente, maior o contato com o outro mundo [...]. (Dostoiévski, 2019, n.p.)*

No caso do sujeito kleiniano, estamos sempre atravessados pelos fantasmas que escapam da realidade terrena e isso não representa, necessariamente, certa *anormalidade*. Trata-se apenas da "natureza humana" – utilizo o termo no sentido literal atribuído pela letra da música escrita por Madonna, presente no início deste capítulo.

O terceiro momento: a descoberta da inveja inata

> *A inveja é o divisor de águas, e ela age rápido: manda sem rodeios que um caçador mate Branca de Neve e traga suas vísceras, que pretende devorar temperadas com o sabor da vingança. A madrasta quer incorporar os atributos da jovem, comer seu pulmão, seu fígado, seu coração (o órgão varia conforme as versões). Comê-la é passar a ser ela, a incorporação é a forma mais primária de identificação.*
>
> (Corso & Corso, 2006, n.p.)

O casal de psicanalistas Corso & Corso, no seu fabuloso *Fadas no divã* (2006), retrata a inveja no seu aspecto mais selvagem e literal. O leitor leigo, no entanto, pode se questionar: o que a *inveja* tem a ver com essa canibalesca necessidade de se apropriar dos órgãos da pessoa invejada, como destacam os autores, ainda que metaforicamente?

Pois bem, o artigo "Inveja e gratidão" (Klein, 1957), sem dúvida, é um dos trabalhos mais brilhantes e, também, mais controversos da história da psicanálise. Klein "certamente proporcionou às pessoas algo sobre o que falar durante o horário do almoço" (Grosskurth, 1992, p. 440). Clare Winnicott, por exemplo, recorda-nos de que, no decorrer da apresentação deste ensaio à Sociedade Britânica de Psicanálise, seu marido, Donald Winnicott, chocado, colocou as mãos na cabeça e exclamou: "Essa não, ela *não pode* fazer isso!" (Grosskurth, 1992, p. 440, grifos da autora).

Klein abre o escrito de 1957 com uma alusão ao estudo de Karl Abraham "Breve história do desenvolvimento da libido à luz dos distúrbios mentais", de 1924, em que ele explorou as origens dos impulsos destrutivos com uma profundidade inédita na psicanálise da época. Apesar de Abraham não mencionar explicitamente o conceito freudiano de *instinto de morte*, Klein estava persuadida de que, se Abraham tivesse vivido mais, ele certamente teria expandido as teorias de Freud. Klein via em Abraham um precursor na investigação dos aspectos mais obscuros da psique humana, sugerindo uma consonância intrínseca com as ideias que ela própria e Freud explorariam posteriormente.

Em seguida, ela aborda a inveja como um fator *inato* básico; a capacidade de invejar estaria ligada, portanto, ao instinto de morte – expressão da destrutividade inata. Em sua manifestação mais primitiva, o seu primeiro objeto-alvo é o seio.[20] Apesar de a inveja não ser um conceito kleiniano original – visto que Freud falava da inveja universal do pênis –, a *inveja primária* do seio foi formulada, primeiramente, por Klein. No entanto, essa ideia não brotou em seu campo teórico de maneira repentina, uma vez que no artigo "Psicanálise de crianças" (1932/1997) já era evidente que ela considerava a inveja como uma reação infantil à frustração.

---

20 O seio, aqui, representa uma metáfora de um bom cuidado: a segurança do colo, o calor da pele, o som da batida do coração e o olhar cuidadoso da pessoa que ocupa o lugar da função materna. Isso tudo pode ser concedido pelo pai (ou por quem se disponha a cuidar do bebê). A percepção do seio – como algo bom ou ruim – está relacionada à *qualidade* do cuidado. Portanto, em um primeiro momento, uma mamadeira pode ser percebida pelo infante como boa ou má – bem como, posteriormente, outros objetos também serão amados e/ou odiados ao longo da vida –, a depender do grau de integração do indivíduo.

Além disso, Klein propõe uma distinção cuidadosa entre inveja, voracidade e ciúme. A inveja é um sentimento de hostilidade referente à percepção de que a outra pessoa possui e desfruta de alguma coisa desejável da qual o sujeito se sente privado – sendo o impulso invejoso o de tomá-la e estragá-la. A voracidade é um desejo insaciável e, em um nível inconsciente, expressa-se na fantasia de devorar o objeto primário (consumindo-o, sem quaisquer considerações das consequências desse ato). O ciúme, por sua vez, é um sentimento mais sofisticado e envolve a compreensão de uma relação *triangular*, da qual o indivíduo se sente excluído de um par. A voracidade se diferencia da inveja porque a sua intenção é a de um preenchimento desmedido e insaciável, ao passo que a inveja, em seu nível mais arcaico, almeja aniquilar a *criatividade* do objeto – apossando-se dele e destruindo o que ele tem de bom.

Em suma: o conceito de inveja inata é muito mais complexo do que pode parecer. Ele dominou uma parte tão grande do pensamento e da prática kleiniana que podemos acabar negligenciando a importância do seu valor metapsicológico. A inveja representa a quebra na relação entre o bebê e a mãe, e caracteriza-se pela experiência espantosa de rivalidade, por parte da criança, em relação à figura cuidadora.

Não obstante, a inveja surge na linha do desenvolvimento para demarcar o declínio do sentimento de onipotência e a ascensão da consciência de separação absoluta de uma mãe agora percebida como um objeto independente da criança. Além disso, a inveja prejudica a entrada na posição depressiva, ampliando as ansiedades persecutórias, ao mesmo tempo que dificulta a introjeção do objeto bom – pois tende a desvalorizá-lo, impedindo o seu reconhecimento. Por mais paradoxal que isso possa parecer, é o *seio satisfatório* (bom) que é invejado, por suas riquezas inalcançáveis. Esse gesto pode ser constatado mais tarde, na inveja que o indivíduo sente de pessoas que, aparentemente, demonstram um estado de contentamento e paz de espírito.

Contudo, é fundamental reconhecer a relevância que Melanie Klein atribui à gratidão, uma emoção que surge no bebê em resposta ao cuidado e à satisfação proporcionados pela figura materna. Para ela, essa experiência é uma peça central no desenvolvimento emocional, essencial para a formação dos laços ao longo da vida. A habilidade de sentir e expressar gratidão representa, assim, um marco crucial na construção de vínculos afetivos sólidos e duradouros.

No processo de amadurecimento psíquico, a satisfação e a gratidão aumentam a aptidão para amar, incorporando e amenizando os efeitos da inveja em uma personalidade mais *integrada*. Lembremos que, para Klein, já existe um ego desde o início da vida, que é atravessado pelo conflito: "instinto de vida *versus* instinto de morte". Como defesa contra a angústia, o indivíduo cinde o seu ego e passa a perceber o objeto de modo dividido – o seio bom e o seio mau. Essa divisão primitiva é indispensável para alcançar a integração do objeto internalizado bom, favorecendo a capacidade do sujeito para lidar com a ambivalência. Este desenvolvimento é perturbado, no entanto, quando uma inveja excessiva interfere na divisão entre o seio bom e o seio mau, de modo que a integração não pode ser alcançada. Segundo a nossa autora:

> *Meu trabalho ensinou-me que o primeiro objeto a ser invejado é o seio nutridor, pois o bebê sente que o seio possui tudo o que ele deseja e que tem um fluxo ilimitado de leite e amor que guarda para a sua própria gratificação. Esse sentimento soma-se a seu ressentimento e ódio, e o resultado é uma relação perturbada com a mãe. Se a inveja é excessiva, indica, em minha concepção, que traços paranoides e esquizoides são anormalmente intensos e que tal bebê pode ser considerado como doente. (Klein, 1957/1996, p. 214)*

A prática clínica de Klein revelou que a inveja do pênis sempre pode ser remetida à inveja do seio. Os primeiros afetos de inveja são transmitidos pelas "lembranças em sentimentos" (*memories in feelings*), por meio das quais o paciente novamente *sente* emoções antigas a partir da transferência, em que o analista desempenha o papel do pai ou da mãe. A tarefa mais desafiadora, nesse contexto, é possibilitar que o analisando reconheça e integre esses afetos em sua psique, acolhendo-os pela via da *perlaboração*.[21] Isso não significa que o analista deve se apressar em suas intervenções, gerando interpretações excessivas. Muito pelo contrário:

> *Mas é essencial não tentar apressar esses passos em direção à integração; pois, se a noção da divisão em sua personalidade surgisse repentinamente, o paciente teria grandes dificuldades em lidar com ela. Quando o paciente toma consciência de seus impulsos invejosos e destrutivos, ele os sente tão mais perigosos quanto mais fortemente tenham sido escindidos.* Em análise devemos caminhar lenta e gradativamente em direção ao doloroso insight referente às divisões do *self* do paciente. *Isso significa que os lados destrutivos são repetidamente escindidos e recuperados, até que se efetive uma maior integração. Como resultado, o sentimento de* responsabilidade *torna-se mais forte, e a culpa e a depressão são mais plenamente vivenciadas. Quando isso acontece, o ego é fortalecido, a onipotência dos impulsos destrutivos fica diminuída juntamente com*

21 Utilizo o verbo "perlaborar" de acordo com as novas traduções das obras de Freud realizadas pela editora Autêntica. Os tradutores optaram por traduzir o termo alemão *Durcharbeiten* por "perlaborar" ao invés de "elaborar", em consonância com a terminologia brasileira consagrada na comunidade psicanalítica (ver Freud, 1914/2021).

> *a inveja, e é liberada a capacidade de amor e gratidão que estivera abafada no decurso dos processos de cisão. (Klein, 1957/1996, p. 257, grifos meus)*

Nesse sentido, a autora propõe que analisar os processos de cisão, o ódio e a inveja subjacentes, tanto na transferência positiva quanto na negativa, exige muito do analista e do paciente. Assim, ela tece uma crítica bastante pontual no que tange à atividade clínica: "Uma consequência dessa dificuldade é a tendência de alguns analistas a reforçar a transferência positiva e a evitar a transferência negativa" (Klein, 1957/1996, p. 257). Tal postura tende a fortalecer sentimentos de amor quando o analista se esforça para assumir o papel de objeto bom que o analisando não teve no passado. Para Klein, esse procedimento difere essencialmente da técnica psicanalítica que, ao ajudar o paciente a conseguir uma melhor integração do *self*, visa à mitigação do ódio pelo amor, por meio de interpretações do conteúdo inconsciente – conforme os parâmetros da análise clássica.

Ao consultar o índice remissivo do caso Richard, encontrei a palavra "inveja" em quase vinte páginas da obra. Esse aspecto de fato chamou a minha atenção, tendo em vista que o termo "esquizoparanoide" – que é um marco kleiniano essencial – só aparece, curiosamente, apenas *quatro vezes* ao longo de todo o livro. Penso que esses dados podem ser explicados devido ao grau de importância, atribuído por Klein, à força da inveja, que havia ficado evidente com a publicação do artigo de 1957.

Compartilho, a seguir, como ocorre uma das primeiras aparições desse conceito no caso Richard:

> *Richard pegou novamente os brinquedos e fez vários grupos: duas menininhas juntas [...]; duas mulheres; o homem e a mulher no telhado; dois meninos; depois novamente dois animais [...]. Richard disse que todos estavam felizes. [...] Disse enfaticamente: "Tudo está indo bem, hoje não*

> *haverá desastre". A seguir, mais hesitante: "Pelo menos espero que não". [...] Como na sessão anterior, abandonou os brinquedos nesse ponto e começou a desenhar. (Klein, 1961/1994, p. 79)*

E a autora acrescenta:

> *Mrs. K. interpretou que, no começo, ele não desejava brincar por causa de seu medo de que iria provocar um desastre na família,* por ter se sentido tão só e com inveja dos outros *que estavam em casa, felizes juntos. Quando, depois da interpretação, ele ficou mais esperançoso de que poderia afinal de contas dar um jeito de não atacá-los, começou a brincar e insistiu que todos estavam felizes. Mas não conseguiu levar seu intento a cabo porque seus ciúmes da família reunida eram intensos. (Klein, 1961/1994, p. 79, grifos meus)*

Diversas interpretações desse gênero podem ser localizadas em inúmeras sessões. A partir dessas leituras, é possível presumir que Klein buscava "destravar" o psiquismo infantil, bloqueado pelos instintos destrutivos e invejosos, nomeando sentimentos que a criança ainda não era capaz de conciliar. Para ela, essa técnica trazia o alívio imediato do sofrimento psíquico e representava, de modo análogo, a libertação dos "demônios" que estavam aprisionados, sem quaisquer possibilidades de simbolização.

Mais adiante, em outra parte do livro, encontramos outra citação da autora que corrobora o que afirmei. Vejamos:

> *Como é demonstrado por esse exemplo, sentimentos de frustração encontram-se relacionados não apenas com desconfianças de que o pai (nesse caso, o irmão também) tenha se apossado do seio quando o bebê se viu privado dele;*

> *há a desconfiança de que até mesmo os bebês imaginários que a mãe carrega em seu interior, e que são também objeto de ciúmes, estejam sendo alimentados no interior da mãe.* Eu sugeriria que a inveja do seio da mãe, de sua capacidade de gerar bebês e alimentá-los, também fazia parte dos sentimentos de raiva e frustração de Richard *(cf. minha obra* Inveja e gratidão*). (Klein, 1961/1994, p. 333, grifos meus)*

Nesse âmbito, Ogden (2017, p. 85) tece a seguinte afirmação: "Como fenômeno da posição esquizoparanoide, a inveja é um relacionamento com um objeto parcial, no qual o sujeito odeia o objeto por ter o que ele acha que não tem e desesperadamente precisa ter". Isso se deve ao fato de que seus anseios envolvem o desejo de que o seio materno possa *amenizar* os seus impulsos destrutivos e aliviar a angústia da ansiedade persecutória.

Diferentemente da teoria de Winnicott – que concebe a hipótese de um bebê totalmente dependente do meio e que, portanto, não reconhece a realidade objetiva –, "segundo Melanie Klein, no nascimento *já existe ego suficiente* para experimentar ansiedade, usar mecanismos de defesa e formar relações de objeto primitivas na fantasia e na realidade" (Segal, 1975, p. 36, grifos meus).

A inveja, como um fator constitutivo do ser humano, equaciona-se, de certa maneira, ao *sadismo*. Não à toa que a partir do ensaio *Inveja e gratidão* (1957) as ideias kleinianas anteriores ganharam novas cores. Assim, os ataques sádicos (oral, anal e uretral) e a identificação projetiva – mecanismos provenientes da posição esquizoparanoide – são revisitados e reformulados em termos de inveja. Tudo se torna um grande estado confusional para o bebê que, além de perceber, por vezes, o seio como mau – agora pensando em termos de *inveja inata* –, terá dificuldade de internalizar o seio como algo bom, pois ele sentirá que a gratificação da qual foi desprovido *foi guardada para uso próprio da mãe.*

O grande dilema é que, quando finalmente é alimentado pelo seio bom, sua *voracidade* não lhe deixa fruir da mamada, pois devido à intensidade da sucção ele acaba por contrair os capilares do seio, impedindo a livre saída do leite. Nesse sentido, a autora afirma:

> *Alguns bebês vivenciam um intenso ressentimento frente a qualquer frustração e o demonstram sendo incapazes de aceitar gratificação quando esta se segue à privação. Eu sugeriria que tais crianças têm uma agressividade inata e uma voracidade mais fortes do que aqueles bebês cujas explosões ocasionais de raiva logo cessam. (Klein, 1959/1996, p. 283)*

Cintra e Ribeiro (2018) realizam uma análise pontual sobre o conceito de inveja como um fator constitucional. De acordo com elas, Melanie Klein "[...] observou que algumas crianças recém-nascidas eram mais aptas a usar o objeto bom do que outras, mostrando-se mais resolvidas em relação à sua satisfação, com maior grau de tolerância às frustrações e maior capacidade de experimentar gratidão" (Cintra & Ribeiro, 2018, p. 107). Dessa maneira, podemos presumir que alguns bebês nascem "mais bem aparelhados" do que outros em termos de *aceitação da gratificação* – uma vez que, para Klein (1957), o fato de o sujeito ter menos ou mais voracidade depende de um aspecto hereditário. Todavia, é importante complementar essa ideia, para que ela não caia em um reducionismo limitante:

> Inveja e gratidão *foi imediatamente cercado por controvérsias centradas naquilo considerado como sendo a insistência de Klein na qualidade constitucional da inveja e sua relação com o instinto de morte. Na verdade, Klein é clara ao dizer que "a capacidade tanto para o amor como para*

> *os impulsos destrutivos é,* até certo ponto, *constitucional, embora varie individualmente em intensidade e* interaja desde o início com as condições externas" *[...]). (Roth, 2020, p. 16, grifos meus)*

Frente ao exposto, é possível pensar que esse "aparelho" mais bem desenvolvido para lidar com a inveja pode ser compreendido por uma via de mão dupla, ou seja, refere-se a uma *mistura* das relações internas (constitucionais) com as externas (cuidado ambiental). Klein, portanto, não assume uma postura radical ao elaborar as origens da inveja, embora atribua *maior relevância* aos fatores inatos.

Outro aspecto significativo do sentimento de inveja é a *idealização.* Explico: como a inveja em relação ao objeto primário gera bastante sofrimento, defesas intensas são mobilizadas contra ela. "A danificação, que descrevi como objetivo da inveja, é parcialmente uma defesa contra ela, já que um objeto danificado não suscita inveja" (Segal, 1975, p. 57). Isto é: quando se danifica, perde-se o valor; porém, esse processo também dificulta a introjeção do seio bom. Nas palavras de Klein:

> *O objeto idealizado é* muito menos integrado no ego que o objeto bom, *pois se origina muito mais da ansiedade persecutória do que da capacidade de amar. Verifiquei também que a idealização deriva do sentimento inato de existir um seio extremamente bom, sentimento que leva ao anseio por um objeto bom e pela capacidade a amá-lo. Isso parece ser uma condição para a própria vida, ou seja, uma expressão do instinto de vida. Como a necessidade de um objeto bom é universal, a distinção entre objeto idealizado e objeto bom não pode ser considerada como absoluta. (Klein, 1957/1996, pp. 224-225, grifos meus)*

Diferentemente da desvalorização e da projeção da inveja, uma forte idealização, na intenção de preservar o objeto bom, pode ser utilizada como um mecanismo de defesa. Todavia, esse fenômeno apenas aumenta a inveja, visto que quanto maior for a idealização, mais o objeto será invejado. Em síntese: "o tiro sai pela culatra" e o sujeito invejoso nunca encontra a sua compaixão. O trabalho analítico, na perspectiva kleiniana, revela, pois, a esperança da retomada ou do ressurgimento do "instinto de vida" – representado pela gratidão –, conforme podemos constatar na seguinte passagem do caso Richard:

> *De repente, [Richard] descobriu que na sacola de compras de Mrs. K. havia um pacote a ser colocado no correio. Richard pegou-o imediatamente e olhou o endereço, verificando que se destinava ao neto de Mrs. K. Cheirou-o, e comentou que parecia conter frutas; o cheiro era de laranjas, não era? Mrs. K. confirmou, e Richard quis saber onde as tinha conseguido.*
>
> *[...] Richard ficou pálido de inveja, mas disse que não gostava de laranjas.*
>
> *Mrs. K. recordou-lhe que não gostava de leite também.*
>
> *Richard disse que sim, não gostava.*
>
> *Mrs. K. interpretou que, embora agora não lhe agradasse a ideia de mamar no seio da mãe ou de que a Babá lhe desse a mamadeira, ao mesmo tempo continuava a sentir a mesma raiva e frustração que havia sentido em bebê quando queria o seio ou a mamadeira e não os recebia. Agora, sentia inveja de outra pessoa que recebesse qualquer coisa que representasse o seio ou a mamadeira. No momento, as laranjas representavam o seio ou o leite de Mrs. K., como também seu amor pelo neto.* (Klein, 1961/1994, p. 380)

A análise kleiniana revela, pois, um embate constante entre as forças incontroláveis dos instintos de vida e de morte. Para Klein, a inveja representa uma ameaça justamente porque impede a plena apropriação do objeto bom, bloqueando a experiência da gratidão. Como consequência, o indivíduo não consegue usufruir do objeto nem integrá-lo ao ego como fonte vital por meio da introjeção.

O dano ao amadurecimento do ego está baseado, assim, não só no fato de a inveja desmontar a gratidão, mas na redução dos vínculos criativos que os objetos formam uns com os outros (a relação objetal propriamente dita). Klein estava ciente, obviamente, de que a inveja se opunha à criatividade, quando escreveu que "a inveja da criatividade é um elemento *fundamental* na perturbação do processo criativo" (Klein, 1957/1996, p. 234, grifos meus).

Além disso, a autora destaca que a inveja almeja não somente destruir, secar e devorar o seio, mas também "depositar maldade, primordialmente excrementos e partes más do *self*, dentro da mãe, acima de tudo dentro do seu seio, a fim de estragá-la e destruí-la, isso significa destruir a criatividade da mãe" (Klein, 1957/1996, p. 212). Logo, podemos presumir que não é a inveja, em si, que causa dano ao desenvolvimento, mas a *desvalorização dos objetos* amados e a *destruição do vínculo* que ocorre como um modo de ataque preventivo, projetado para evitar a oportunidade de a inveja surgir.

Klein revisita a relação primária do bebê com a mãe, trazendo o passado para o presente na transferência analítica (aqui e agora). Ao retornar às origens, ela ressignifica os acontecimentos iniciais da vida, desatando os nós que comprometem o vínculo. Seu objetivo é reconstruir, a partir da análise, uma nova trama para aquilo que foi paralisado pelos efeitos destrutivos da inveja – expressão pura do instinto de morte.

A inveja reconhecida, aquela que não é cindida, tampouco dissociada, não convoca defesas psíquicas contra ela, sendo menos destrutiva. De fato, esse reconhecimento, oriundo das interpretações psicanalíticas, é um sinal de saúde mental. Ao reconhecermos as qualidades de outrem, adquirimos a capacidade de aceitar a nossa própria tendência à inveja sem que isso se transforme em um problema significativo. Isso significa que o nosso ressentimento não alcança uma intensidade que nos leve a desejar a aniquilação do objeto que admiramos. Essa consciência destaca a importância essencial de abordar os desafios apresentados pela transferência negativa, promovendo um entendimento mais categórico das nossas reações emocionais.

Na intenção de elucidar ainda mais o tema aqui discutido, compartilho outro fragmento do caso Richard:

> *No final da sessão, Richard quis conversar com Mrs. K. sobre algumas mudanças nos planos. [...] Será que nessas três semanas que faltavam Mrs. K. não poderia ir para "Y", onde ficava a casa de seus pais?*
> *Mrs. K. disse que isso não era possível, e interpretou que Richard gostaria de tê-la toda para si durante essas três semanas, e de afastá-la de seus outros pacientes em "X", a quem sentia como inimigos e rivais.*
> *[...] Antes de sair da sala, Richard pegou o pacote e disse, num tom meio brincalhão, que poderia rasgá-lo com mordidas,* mas que não iria fazer isso.
> *Mrs. K. interpretou que, uma vez que as laranjas que estava mandando para o neto representavam os seios, tanto os seus como os da Mamãe, que nenhuma criança deveria ter, o fato de mordê-los significava que ele preferia destruir os seios bons a deixá-los para outra criança; mas, ao mesmo tempo, deseja intensamente não ferir Mrs. K. ou a Mamãe, bem como seus filhos, e por isso refreou o seu impulso de morder.*
> *Richard despediu-se num estado de espírito muito menos deprimido, e evidentemente ponderava que atitudes tomar.*

> *[...] Na segunda metade da sessão, passou a sentir-se menos perseguido [...]. (Klein, 1961/1994, p. 385, grifos meus)*

Logo, o objetivo central das interpretações kleinianas é proporcionar alívio psíquico sem recorrer a idealizações ou suavizações da condição humana. Esse processo exige do analista um olhar direto para os aspectos mais primitivos e dolorosos da mente, sem evitá-los ou mascará-los. Justamente por essa postura franca (e direta), que confronta ansiedades intensas e fantasias inconscientes, a técnica de Klein muitas vezes é mal compreendida e rotulada como "insensível" – quando, na verdade, requer extrema sensibilidade e coragem para sustentar o paciente diante das suas angústias mais intensas.

> *Sempre desprezei as coisas mornas, as coisas que não provocam ódio nem paixão, as coisas definidas como mais ou menos. Um filme mais ou menos, um livro mais ou menos. Tudo perda de tempo. Viver tem que ser perturbador, é preciso que nossos anjos e demônios sejam despertados, e com eles sua raiva, seu orgulho, seu acaso, sua adoração ou seu desprezo. O que não faz você mover um músculo, o que não faz você estremecer, suar, desatinar, não merece fazer parte da sua biografia. (Medeiros, 2014, n.p.)*

Referências

Abraham, K. (1924). A short study of the development of the libido, viewed in the light of mental disorders. In K. Abraham, *Selected Papers on Psychoanalysis*. Hogarth Press, 1927.

Almeida, A. P. (2020). Melanie Klein e o processo de formação dos símbolos: revisitando o caso Dick. *Estilos da Clínica*, 25(3), 552-567.

Almeida, A. P. (2022). A depressão para Melanie Klein: quando as trevas aprisionam o ego. In A. P. Almeida & A. Naffah Neto (Orgs.), *Perto das trevas: a depressão em seis perspectivas psicanalíticas*. Blucher.

Almeida, A. P. (2023). A sombra do machismo e a formação psicanalítica. In A. P. Almeida (Org.), *Muito além da formação: diálogos sobre a transmissão e a democratização da psicanálise*. Blucher.

Almeida, A. P. & Naffah Neto, A. (2021). Psicanálise e educação escolar: contribuições de Freud e Winnicott à compreensão do fenômeno da violência escolar. *Dialogia, 40*, 1-16.

Ciccone, M. & Hall, D. (1994). Human Nature. *Bedtime Stories.* Warner Bros. Records.

Cintra, E. & Figueiredo, L. (2010). *Melanie Klein: estilo e pensamento.* Escuta.

Cintra, E. & Ribeiro, M. (2018). *Por que Klein?* Zagodoni.

Corso, D. L. & Corso, M. (2006). *Fadas no divã.* Artmed.

Dostoiévski, F. M. (2019). *Crime e castigo.* Todavia.

Freud, S. (2020). Sobre os sonhos. In S. Freud, *Obras completas* (vol. 5). Companhia das Letras. (Texto original publicado em 1901).

Freud, S. (2015). Análise da fobia de um garoto de cinco anos ("O pequeno Hans"). In S. Freud, *Obras completas* (vol. 8). Companhia das Letras. (Texto original publicado em 1909).

Freud, S. (2010). Formulações sobre os dois princípios do funcionamento psíquico. In S. Freud, *Obras completas* (vol. 10). Companhia das Letras. (Texto original publicado em 1911).

Freud, S. (2021). Lembrar, repetir e perlaborar. In S. Freud, *Obras incompletas* (vol. 6). Autêntica. (Texto original publicado em 1914).

Freud, S. (2010). Além do princípio do prazer. In S. Freud, *Obras completas* (vol. 14). Companhia das Letras. (Texto original publicado em 1920).

Freud, S. (2011). Autobiografia. In S. Freud, *Obras completas* (vol. 16). Companhia das Letras. (Texto original publicado em 1925).

Grosskurth, P. (1992). *O mundo e a obra de Melanie Klein*. Imago.

Klein, M. (1996). O desenvolvimento de uma criança. In M. Klein, *Amor, culpa e reparação e outros trabalhos (1921-1945)*. Imago. (Texto original publicado em 1921)

Klein, M. (1996). A análise de crianças pequenas. In M. Klein, *Amor, culpa e reparação e outros trabalhos (1921-1945)*. Imago. (Texto original publicado em 1923).

Klein, M. (1996). Princípios psicológicos de análise de crianças. In M. Klein, *Amor, culpa e reparação e outros trabalhos (1921-1945)*. Imago. (Texto original publicado em 1926).

Klein, M. (1996). Personificação no brincar das crianças. In M. Klein, *Amor, culpa e reparação e outros trabalhos (1921-1945)*. Imago. (Texto original publicado em 1929).

Klein, M. (1996). A importância da formação de símbolos no desenvolvimento do ego. In M. Klein, *Amor, culpa e reparação e outros trabalhos (1921-1945)*. Imago. (Texto original publicado em 1930).

Klein, M. (1997). *A psicanálise de crianças*. Imago.

Klein, M. (1996). Notas sobre alguns mecanismos esquizoides. In M. Klein, *Inveja e gratidão e outros trabalhos (1946-1963)*. Imago. (Texto original publicado em 1946).

Klein, M. (1996a). As origens da transferência. In M. Klein, *Inveja e gratidão e outros trabalhos (1946-1963)*. Imago. (Texto original publicado em 1952).

Klein, M. (1996b). Algumas conclusões teóricas relativas à vida do bebê. In M. Klein, *Inveja e gratidão e outros trabalhos (1946-1963)*. Imago. (Texto original publicado em 1952).

Klein, M. (1996). A técnica psicanalítica através do brincar: sua história e significado. In M. Klein, *Inveja e gratidão e outros trabalhos (1946-1963)*. Imago. (Texto original publicado em [1953]1955).

Klein, M. (1996). Inveja e gratidão. In M. Klein, *Inveja e gratidão e outros trabalhos (1946-1963)*. Imago. (Texto original publicado em 1957).

Klein, M. (1996). Nosso mundo adulto e suas raízes na infância. In M. Klein, *Inveja e gratidão e outros trabalhos (1946-1963)*. Imago. (Texto original publicado em 1959).

Klein, M. (1994). *Narrativa da análise de uma criança*. Imago. (Texto original publicado em 1961).

Klein, M. (1996). *Amor, culpa e reparação e outros trabalhos (1921-1945)*. Imago.

Lispector, C. (2020). Água viva. Rocco.

Medeiros, M. (2014). *Divã*. Alfaguara. (*E-book*).

Meltzer, D. (1990). *O desenvolvimento clínico de Melanie Klein (vol. 2)*. Escuta.

Ogden, T. (2017). *A matriz da mente: relações objetais e o diálogo psicanalítico*. Blucher.

Petot, J.-M. (2016). *Melanie Klein II: o ego e o bom objeto*. Perspectiva.

Rosenfeld, H. (1988). *Impasse e interpretação*. Imago.

Roth, P. (2020). Introdução. In P. Roth & A. Lemma (Orgs.), *Revisitando "Inveja e gratidão"*. Blucher.

Segal, H. (1975). *Introdução à obra de Melanie Klein*. Imago.

Segal, H. (1996). Nova introdução. In M. Klein. *Amor, culpa e reparação e outros trabalhos (1921-1945)*. Imago. (Texto original publicado em 1987).

Spillius, E. B. et al. (2011). *The new dictionary of kleinian thought*. Routledge.

3. Breves considerações sobre a clínica de D. W. Winnicott: uma ênfase na interpretação e no manejo

Winnicott compartilhava com Klein uma crença fundamental na importância decisiva dos estágios precoces do desenvolvimento. Mas, desde o início, ele afirmava, o bebê buscava contato com uma pessoa, *não a gratificação instintual de um objeto. O bebê começa a vida como um ser profundamente sociável: ele clama por intimidade, não apenas pelo alívio da tensão – pela proximidade, não só pela satisfação.*

(Phillips, 2006, p. 31, grifos meus)

As pessoas abrigam-se umas nas outras. Mesmo ausentes, nossos abrigos existem. Estamos debaixo da memória.

(Mãe, 2021, p. 30)

Winnicott é, sem dúvidas, um pensador da *natureza humana*. A sua formação em pediatria lhe possibilitou observar, de perto, os impasses do amadurecimento infantil. A experiência oriunda do atendimento de mães, bebês, crianças, adolescentes e famílias ampliou a sua visão sobre as complexas interações entre o ambiente e o indivíduo desde os momentos mais iniciais da nossa origem. Ele percebeu que o desenvolvimento pessoal não segue uma lógica temporal cronológica, mas que podemos *regredir* aos estágios mais precoces da vida quando as coisas não estão bem.

Winnicott, ao se empenhar na aplicação da teoria e método psicanalíticos em seus pacientes, validou inúmeras descobertas fundamentais da nossa disciplina. No entanto, ele também observou discrepâncias significativas entre as suas experiências cotidianas e diversas afirmações postuladas por Freud e Klein. Dentre suas inúmeras contribuições e releituras das obras clássicas, Winnicott reavaliou o lugar e a importância da sexualidade e do complexo de Édipo nos processos saudáveis e patológicos do desenvolvimento emocional do ser humano. Sem deixar de atribuir um grande valor a esses fenômenos, o autor inglês reconheceu outros problemas e assinalou outros fatores que, para ele, pertencem às raízes dos adoecimentos psíquicos.

Além disso, Winnicott apresenta uma nova visão de homem, com a inserção da noção de "ser". Para ele, o ser humano advém de um estado de não ser para adentrar o ser; esse estado de ser significa ser a partir de *si mesmo*, sem ser puxado ou empurrado pelo mundo. Isso implica uma nova ontologia que, por sua vez, também estará associada a uma teoria da saúde e de como o homem se insere na vida cultural. Ser saudável é, para o psicanalista britânico, poder cultivar a nossa própria *espontaneidade* – sustentada pelo nosso gesto criativo. A entrada do indivíduo no campo cultural se faz, nesse âmbito, como uma expansão do ser no mundo. Logo é preciso, antes de qualquer coisa, *ser*, para então desejar e relacionar-se.

Nas páginas seguintes apresento a *função* da interpretação psicanalítica na clínica winnicottiana. Para tanto, utilizo os principais textos do autor relacionados ao tema e acrescento, ao longo das explicações, passagens do caso Piggle que possam exemplificar, de modo prático, o que estou abordando no âmbito teórico.

No entanto, admito que pesquisar a obra de Winnicott é uma tarefa bastante complexa, pois os seus ensaios estão espalhados em diversas coletâneas e são frutos, muitas vezes, de conferências ou palestras (*escritas por ele* antes de serem pronunciadas). Além disso, o psicanalista inglês possui um traço característico: as suas hipóteses são construídas e desconstruídas praticamente na mesma simetria, ganhando diferentes nuances a cada atualização. Por isso, é importante realizar uma *costura* de modo que os retalhos, ao serem todos reunidos, não permaneçam desalinhados.

Nesses termos, considero fundamental destacar os pontos que diferenciam o pensamento winnicottiano dos seus antecedentes, sobretudo, Freud e Klein. Para começar a nossa conversa, cito um texto de Zeljko Loparic:

> *Seguindo os passos de Kuhn, falarei na* mudança de paradigma *introduzida por Winnicott na disciplina psicanalítica. [...] Tal pesquisa resultou – e esta será a minha tese – na introdução, por Winnicott, de um novo paradigma para a psicanálise, ou seja, na formulação de novos problemas e de um novo arcabouço conceitual que, assim esperava ele, o capacitaria a resolver as anomalias que o preocupavam, além de abrir perspectivas mais amplas para a pesquisa psicanalítica como um todo. (Loparic, 2001, p. 10, grifos originais)*

Em outro trecho o autor continua:

> *Enquanto Freud, partindo da situação edípica, estava interessado na "luta dos adultos com desejos incompatíveis e inaceitáveis", que colocariam em perigo "suas possibilidades de satisfação", Winnicott, partindo do relacionamento caracterizado pela dependência (quase) total, tratava esses fenômenos como "parte de um problema mais amplo das possibilidades do indivíduo de ter autenticidade pessoal, que ele [Winnicott] viria a chamar de sentir-se real" (1988, p. 7).*

> *Trabalhando dessa maneira, e "desconsiderando a metapsicologia de Freud" (1993, p. 43), Winnicott desenvolveu, durante a década de 40, "uma teoria do desenvolvimento que seria um poderoso rival para as teorias tanto de Freud quanto de Klein (1988, p. 97)". (Loparic, 2001, p. 11)*

Embora eu esteja de acordo com Loparic quando ele afirma que Winnicott mudou os rumos da psicanálise ortodoxa – principalmente no que diz respeito à prática clínica –, não concordo que o psicanalista inglês tenha "desconsiderado a metapsicologia freudiana" – visto que ele próprio (Winnicott) trabalha com termos como "id, ego e superego", além dos clássicos: "narcisismo primário" e "princípio de realidade *versus* princípio do prazer" – ainda que tenha feito isso com uma leitura muito original e singular.

Sobre essa temática, recomendo aos leitores interessados o excelente livro organizado por Leopoldo Fulgencio: *A bruxa metapsicologia e seus destinos*, publicado pela editora Blucher, em 2018. Um capítulo em específico pode servir de fio norteador ao nosso debate. Trata-se do texto escrito por Martine Girard, chamado "Winnicott fundamenta os conceitos básicos da metapsicologia freudiana?". Neste ensaio robusto, a psiquiatra e psicanalista francesa sustenta a hipótese de que em vez de rejeitar os conceitos metapsicológicos de Freud, Winnicott teria fornecido, na verdade, uma *base real factual* para metapsicologia (especulativa) freudiana – isto é, Winnicott propôs uma revisão epistemológica da teoria de Freud, partindo de suas experiências como pediatra durante anos de prática.

Para embasar a sua hipótese, Girard se debruça sobre a relação dual mãe-bebê e a situação de dependência que pertence a este início da vida. Para ela, Freud nunca desprezou a necessidade de cuidados maternos iniciais, mas não deu *total* atenção a isso. Girard, ao diferenciar as necessidades do ego das necessidades do id, a mãe-objeto da mãe-ambiente, procura mostrar que Winnicott tentou teorizar aquilo que o mestre de Viena não priorizou, a saber: a função do *holding* ambiental como uma organização das experiências instintuais e a função do objeto primário, como uma necessidade para a entrada no princípio de realidade. Cito a autora:

> *Winnicott nos coloca diante de um problema epistemológico de fundo que poderia justificar a sua dificuldade em se fazer entender: todos os trabalhos que se dedicaram ao nascimento da vida psíquica, desde Freud, são da ordem da* ficção *teórica. Winnicott não contesta essa natureza ficcional da teoria, mas procura associá-la a* fatos: *especialmente, ao fato da dupla dependência. (Girard, 2018, p. 209, grifos originais)*

Em que pesem essas discussões, estou de acordo com Girard e seu ponto de vista sobre a teoria winnicottiana no que tange à "refundação" que o analista britânico fez da metapsicologia freudiana, baseada, sobretudo na função da *experiência* e na sua concepção *ontológica* do ser humano.

Seguindo nessa esteira, Thomas Ogden (2020) assinala que o tratamento psicanalítico, na perspectiva winnicottiana, "refere-se a uma dimensão da psicanálise na qual o propósito do analista é facilitar os esforços do paciente por *tornar-se mais si mesmo*" (p. 25, grifos meus). Diferentemente da "psicanálise epistemológica" (Ogden, 2020), originalmente delineada por Freud e Klein, que tem como objetivo central adquirir conhecimentos e chegar a entendimentos sobre o paciente – mergulhando em seu mundo interno por meio das interpretações analíticas –, a clínica de Winnicott revela a possibilidade de um *vir a ser* que pode ser retomado, na presença sensível do analista, a partir do descongelamento dos períodos que ficaram congelados, em decorrência das falhas primitivas. Trata-se, pois, de uma clínica da *esperança.*

É isso que veremos adiante.

A teoria do desenvolvimento maturacional de D. W. Winnicott

Em uma palestra proferida na *Psychoterapy and Social Psychiatry Section* da *Royal Medico-Psychological Association*, em 8 de março de 1967, intitulada "O conceito de indivíduo saudável", Winnicott afirmou:

> *A vida de um indivíduo saudável é caracterizada tanto por medos, sentimentos conflituosos, dúvidas e frustrações como por características positivas. O principal é que o homem ou a mulher sintam que* estão vivendo a própria vida, *assumindo responsabilidades pela ação ou pela inatividade, e sejam capazes de assumir o crédito pelo sucesso e a culpa pelas falhas. Em outras palavras, pode-se dizer que o indivíduo passou da dependência para a independência, ou para a autonomia. (Winnicott, 1967/2021, p. 29, grifos do autor)*

Pois bem, podemos dizer que Winnicott é um autor da psicanálise que se diferencia dos demais justamente por ter criado uma *teoria do desenvolvimento maturacional*. Logo, toda a clínica winnicottiana gira em torno desse referencial teórico. Assim, pensar na função da interpretação sem considerar esse fato seria algo totalmente incoerente.

A concepção de saúde, para Winnicott, é baseada na tese central de que o indivíduo possa *se sentir real*, vivendo criativamente. "Para ser criativa, uma pessoa tem que *existir, e ter um sentimento de existência*, não na forma de uma percepção consciente, e sim como uma posição básica a partir da qual operar" (Winnicott, 1966/2021, p. 43, grifos meus). Nesse sentido, "a criatividade é o fazer que, gerado com base no ser, indica que aquele que *é, está vivo*" (Winnicott, 1966/2021, p. 43, grifos do autor). No entanto, o que Winnicott quis dizer com isso?

Antes de apresentar, de forma resumida, as bases do seu pensamento, vale lembrar que o psicanalista britânico trabalhou por 40 anos no *Paddington Green Children's Hospital*, na Inglaterra. Essa vivência acabou favorecendo a construção de uma teoria baseada amplamente na "experiência humana", resultante do contato direto com um número significativo de pacientes. No seu clássico ensaio "Desenvolvimento emocional primitivo" (1945), o autor fundamenta algumas teses que serão mais bem elaboradas ao longo da sua produção científica.

Do ponto de vista winnicottiano, existem três processos cujo início acontece desde os primórdios do nascimento: 1) *integração*; 2) *personalização*; e, em seguida a esses, 3) *realização* – ou seja, a apreciação do tempo e do espaço e de outras propriedades da realidade, somada à unidade psique-soma.

Comecemos pelo primeiro deles. Winnicott apresenta a hipótese de que todos nascemos com uma *tendência inata à integração* e que ela ocorrerá, especialmente, pela rede de cuidados que o bebê recebe do ambiente, atribuídos ao *holding* (segurar, acolher, aquecer etc.) e ao *handling* (manusear, banhar, trocar etc.). Nessa fase, de extrema dependência e vulnerabilidade do lactente, é importante a existência de uma mãe totalmente devotada aos cuidados demandados pelo bebê, já que ambos estão *fusionados* e ainda não há, para o infante, uma distinção entre o eu e o não-eu – daí a famosa expressão winnicottiana: *"não existe essa coisa que vocês chamam de bebê"*.[1]

1 No texto "A ansiedade associada à insegurança" (1952), Winnicott escreve que há uns dez anos atrás ele havia provocado uma verdadeira confusão na Sociedade Britânica de Psicanálise ao enunciar a frase: "Isso que chamam de bebê não existe". O autor se justifica, explicando melhor o que gostaria de ter dito: "[...] se vocês me mostrarem um bebê, mostrarão também, com certeza, alguém cuidando desse bebê, ou ao menos um carrinho ao qual estão grudados os olhos e ouvidos de alguém. O que vemos, então, é 'a dupla de cuidados'" (Winnicott, 1952/2021, p. 215).

O termo empregado por Winnicott, "integração", é usado tanto para designar a disposição inata ao amadurecimento, como para as várias integrações parciais que vão ocorrendo gradualmente ao longo da história do ser humano, a partir do estado de não integração. Logo, a tarefa de integração *no tempo* e no *espaço* é a mais básica e indispensável ao desenvolvimento do bebê. Sem isso, não haverá sentido de realidade possível, e o infante ficará perdido vagando numa espécie de abismo infindável.

É importante destacar que, apesar de ocorrer no período inicial da vida, esse processo se desdobra durante toda a infância, ganhando novos moldes, formas e enlaces que podem favorecer, ou não, essa percepção espaçotemporal.

Ora, integrar a criança no tempo e no espaço não significa necessariamente inseri-la no mundo externo; até porque nos primórdios da vida ninguém está suficientemente amadurecido para sustentar o *sentido* de realidade ou sequer percebê-lo (Naffah Neto, 2017). O recém-nascido vive em uma linha de continuidade, ou seja, ele possui uma existência estendida ao outro. Apesar de algumas marcações de tempo, como as batidas do coração da mãe, o som da sua respiração e a alternância dos seus movimentos, essa temporalidade, sutilmente notada, resume-se à *continuidade de ser*. Desse modo, como o bebê habita, de início, um mundo subjetivo, apresentar-lhe o sentido de tempo e de espaço significa *cuidar* para que esses dois aspectos sejam também subjetivos (ver Almeida, 2023b). Cito Naffah Neto:

> *Entretanto, esse sujeito ainda não existe inteiramente constituído, isto é, podemos dizer que não existe nenhuma pessoa ou que existe exclusivamente a primeira pessoa (considerando a experiência do bebê). Isso se torna menos complexo se lembrarmos que, nos tempos primitivos, o bebê funde-se com o ambiente nos estados de relaxamento, entrando*

> *em uma espécie de vivência oceânica – portanto, em sua experiência, não existe nenhuma pessoa. Entretanto, nos períodos em que é atravessado por uma urgência instintual e sofre integrações espaciotemporais efêmeras (capazes de conduzi-lo à busca do seio), um sujeito evanescente emerge para desaparecer em seguida – portanto, nesses fragmentos de tempo,* existe somente a primeira pessoa. *(Naffah Neto, 2019, p. 214, grifos meus)*

Desse modo, o primeiro sentido de tempo está relacionado à *presença* da mãe e sua permanência que se instaura pela frequência que ela se dispõe ao bebê que, nesse começo, possui inúmeras *necessidades* (que não são apenas fisiológicas). O lactente não sabe da existência da mãe, mas sente os efeitos de sua companhia e, lentamente, vai criando uma memória dessa presença. Para preservar a *continuidade de ser* e manter vivo o seu mundo subjetivo, o bebê precisa ser assegurado pela presença que subsiste, formando o que Winnicott nomeou de "ilusão de onipotência". Em suas palavras: "Refiro-me ao processo bidirecional em que a criança vive num mundo subjetivo e a mãe se adapta, com o intuito de dar a cada criança um suprimento básico da *experiência de onipotência*" (Winnicott, 1967/2021, p. 23, grifos do autor).

Agindo dessa forma, a mãe propicia que o bebê seja iniciado na *periodicidade do tempo*, tendo como matriz o seu próprio ritmo corporal. Naffah Neto (2017) afirma que, pela *repetição da experiência*, um sentido de futuro, ainda que precário, passa a ser constituído: o bebê começa a ser capaz de prever o que virá, a partir das suas próprias necessidades, tornadas reais pela resposta materna. Se a mãe (ou o ambiente) *impõe* ao bebê um ritmo que lhe é externo, a sua temporalidade subjetiva e a sua "coesão psicossomática"[2] acabam por ser prejudicadas, senão impedidas.

2 Winnicott utilizava essa grafia, na intenção de indicar as unidades *psique* e *soma*.

Igualmente importante, além da integração, é o desenvolvimento do sentimento de estar *dentro do próprio corpo*, ou seja, o estágio de "personalização". "Novamente, é a experiência instintiva e a reiteração das silenciosas experiências de cuidados corporais que constroem, gradualmente, o que podemos chamar de *personalização satisfatória*" (Winnicott, 1945/2021, p. 290, grifos meus). Nessa etapa, por meio da *elaboração imaginativa corporal*,[3] o bebê vai, aos poucos, alocando a sua psique no soma. Trata-se de um processo complexo e delicado que precisa ser sustentado pela presença da figura cuidadora. Nas palavras de Winnicott:

> *Suponho que a palavra psique, aqui, significa elaboração imaginativa das partes, sentimentos e funções somáticos, ou seja, da vivacidade física. Sabemos que essa elaboração imaginativa depende da existência de um cérebro saudável em funcionamento, especialmente de certas partes dele. [...] Gradualmente, os aspectos psíquico e somático do indivíduo em crescimento envolvem-se num processo de inter-relacionamento mútuo. Essa interação da psique com o soma constitui uma fase inicial do desenvolvimento individual. (Winnicott, 1949/2021, p. 408)*

"*O soma é o corpo vivo*, que vai sendo personalizado à medida que é *elaborado imaginativamente pela psique*" (Dias, 2003, p. 104, grifos meus). A natureza humana, escreve o autor, "não é uma questão de mente e corpo, mas de psique e soma, inter-relacionados" (Winnicott, 1988, p. 44). O corpo elaborado imaginativamente é o corpo que

---

3 In A. Naffah Neto, A. (2017). Sobre a elaboração imaginativa das funções corporais: o corpo e o *holding* materno na constituição psicossoma. In Naffah Neto, A, *Veredas psicanalíticas: à sombra de Winnicott*. Novas Edições Acadêmicas. Ao leitor interessado, este livro recebeu uma nova versão revista e ampliada pelo autor, lançada pela editora Blucher, em 2023, com o mesmo título.

respira, se move, descansa, mama, brinca etc. Tudo que é *experienciado* pelo bebê, através do seu corpo, será *personalizado* pela elaboração imaginativa. *Grosso modo*, a conquista gradual do corpo está intimamente relacionada com o processo de espacialização do bebê. Durante todo o período em que a coesão psicossomática está ocorrendo, pela via dos cuidados maternais, os braços da mãe e o corpo do bebê são uma e a mesma coisa, de modo que se pode dizer que "*a primeira morada do bebê é o próprio corpo do lactente no colo da mãe*" (Dias, 2003, p. 209, grifos da autora).

Por último, no estágio da "realização", encontramos as relações objetais propriamente ditas. Entretanto, para que algum sentido de realidade se inicie, é necessário que seja proporcionada ao bebê sua única realidade possível: *a realidade subjetiva*, erigida com base na confiabilidade ambiental. Sem ela, não há como prosseguir nas conquistas graduais do amadurecimento, que incluem o "sentimento de real", próprio à transicionalidade, para chegar, depois, ao sentido de realidade externa – compartilhada. É importante destacar, ainda, "que a realidade do mundo subjetivo não só deixa nada a dever, em termos de sentimento de real, à realidade do mundo objetivo que virá depois, como, em certos casos, continuará a ser, vida afora sempre mais real do que a própria realidade objetiva" (Dias, 2003, p. 214). Em indivíduos esquizoides, por exemplo, observa-se uma marcante inclinação ao retraimento dentro da imensidão de seu mundo subjetivo. Eles tendem a escolher, preferencialmente, a companhia de si mesmos ao invés de interagir com outros.

Pois bem, o início da relação objetal – ainda no campo dos objetos subjetivos – acontece nos momentos de excitação do bebê. O cuidado materno adequado para esses episódios é a *apresentação* de objetos em "doses homeopáticas", sempre respeitando o *gesto espontâneo* da criança. Lembremos que *o bebê só cria aquilo que ele encontra* – sendo este um dos mais importantes paradoxos de Winnicott. Isto é: para criar os objetos de que ele necessita, alguém deve fazer o trabalho de apresentá-los no momento certo, de maneira compreensiva e adequada à sua capacidade maturacional. Há, contudo, ambientes que simplesmente deixam o bebê abandonado aos seus próprios recursos e que não lhe fornecem respaldo algum para o impulso criativo. Os prejuízos dessas marcas indeléveis poderão ser observados com o passar do tempo, lamentavelmente.

O importante movimento de "desadaptação" da mãe é a engrenagem principal que impulsiona o processo de *desilusão* do bebê. A desilusão, aqui, não pode ser interpretada como uma etapa meramente negativa, mas como um passo essencial a ser dado pelo infante. Com o tempo, o bebê precisará reconhecer a realidade de um mundo externo, um universo sobre o qual seu controle é limitado. Contudo, se lhe for oferecida, nessa fase inicial da vida, uma interação criativa e subjetiva com esse ambiente, ele desenvolverá, aos poucos, a habilidade de se adaptar a essa evidente outra realidade. Ao mesmo tempo, manterá intacta sua capacidade de acreditar e confiar nas coisas, equilibrando de forma saudável o subjetivo e o objetivo.

Lembremos, pois, que somente a partir da ilusão se pode esperar que, gradualmente, a criança consiga aceitar a existência independente do mundo externo e assimilar as desilusões: "A adaptação ao princípio da realidade deriva espontaneamente da experiência de onipotência – isto é, no contexto do relacionamento com objetos subjetivos" (Winnicott, 1963/2022, p. 230). Quando a ilusão é bem instalada, a criança vem a saber, com o tempo, da existência separada da realidade externa, compreendendo, assim, que o mundo sempre esteve lá, independentemente da sua percepção. No entanto, o sentimento de que o mundo é criado pessoalmente não desaparece. "Se o indivíduo permanece vivo, a sua raiz pessoal continua fincada no mundo imaginativo, e é somente a partir daí que a aceitação do mundo externo não equivale à aniquilação" (Dias, 2003, p. 217).

Em uma passagem do "caso Piggle", podemos observar a relação da menina com o seu mundo subjetivo, tomando como referência os comentários feitos por Winnicott, ao fim da segunda sessão:

> *Senti que a entrevista e o relatório da mãe justificavam minha conclusão de que a palavra "tímida" era a palavra--chave. A paciente estava desenvolvendo um* novo tipo de relacionamento *com a mãe, que levava em conta o seu ódio por ela, decorrente do seu amor pelo pai. A paixão dos seis meses pelo pai não fora assimilada em sua personalidade total e permanecia lado a lado com o relacionamento com a mãe, a qual, naquele tempo ainda era* um objeto subjetivo. *(Winnicott, 1977/1987, pp. 29-30, grifos meus)*

Piggle ainda habitava uma realidade predominantemente *subjetiva* e, por essa razão, não tinha maturidade para lidar com os sentimentos de amor e ódio dirigidos à mãe, que ainda não era percebida como uma *pessoa inteira* (*whole person*) – separada da menina. Nesse contexto, é possível afirmar que a paciente ainda vivia em uma espécie de "ilusão de onipotência" que foi interrompida *bruscamente* com o nascimento da irmã mais nova (Susan). Vejamos:

> *A transformação ocasionada pelo nascimento de uma nova criança trouxe a ansiedade, a falta de espontaneidade no brincar, assim como pesadelos. Junto com isso, entretanto, houve a aceitação da mãe como um ser à parte e, em consequência, o estabelecimento de si mesma como uma identidade e com um forte vínculo com o pai. A "mamãe preta" é, provavelmente, um vestígio de uma* noção subjetiva, *pré-concebida, sobre a mãe. (Winnicott, 1977/1987, p. 30, grifos meus e tradução corrigida)*

Entre os vários aspectos que configuram o processo de desilusão, o desmame é uma conquista significativa. Se o próprio bebê não o faz, é a mãe quem deverá efetuá-lo. Por outro lado, o processo de separação precisa ser *gradual* e *ponderado*. A criança necessita libertar-se dos braços maternos, sem o risco de cair num espaço vazio; ela tem de ir para uma área maior de controle, algo que possa simbolizar, metaforicamente, o lugar que ela deixou. Temos, assim, o surgimento dos fenômenos transicionais e objetos transicionais – um dos conceitos mais conhecidos e popularizados do nosso autor. Durante esta fase crucial do amadurecimento, se tiverem a sorte de contar com um "espaço potencial" propício ao desenvolvimento de suas habilidades, os bebês tendem a selecionar objetos e ações específicos para aliviar o desconforto causado pela falta da mãe. Exemplos comuns incluem a ponta de um cobertor, um pano velho, um ursinho de pelúcia, uma canção reconfortante ou o ato de enrolar os dedos nos cabelos. Esses elementos atuam como consoladores na ausência materna, ajudando na construção da autonomia emocional da criança. Cito Winnicott:

> *Refiro-me a todas essas coisas como* fenômenos transicionais. *Entre tudo isso (se observarmos um bebê qualquer), também pode surgir alguma coisa ou algum fenômeno – talvez um punhado de lã, a ponta de um lençol ou de um edredom, uma palavra, uma melodia ou um maneirismo – que ganha importância vital para o bebê, que o utiliza na hora de dormir como defesa contra a ansiedade, especialmente a ansiedade de tipo depressivo. É possível que um objeto macio, ou outro tipo de objeto, tenha sido encontrado e usado pelo bebê, tornando-se então o que chamo de objeto transicional. [...] Os pais reconhecem seu valor e o levam consigo quando vão viajar. A mãe permite que ele fique sujo e até fedido, sabendo que, ao colocá-lo para lavar, causa*

> *uma ruptura na continuidade e na experiência do bebê, uma ruptura que pode descontruir o significado e o valor do objeto para ele. [...] Contudo, é importante destacar que não há diferença perceptível no modo como meninos e meninas utilizam sua posse "não eu" original, que chamo aqui de objeto transicional. (Winnicott, 1971/2019, pp. 18-19, grifos do autor)*

É necessário salientar, porém, que só observamos a existência dos fenômenos e dos objetos transicionais se a mãe – ou o ambiente primário – tiver sido capaz de exercer os cuidados necessários para o desenvolvimento maturacional do bebê. Recordemos, pois, que ao nascer, o bebê encontra-se numa condição de dependência absoluta. Portanto, se houver uma falha neste início, é altamente provável que não haja espaço para a transicionalidade.

O objeto transicional não ocupa um lugar interno, tampouco externo. Encontra-se *entre* a ilusão de onipotência e a desilusão gradual, sendo uma escolha *única e exclusiva da própria criança.* "É justamente na lacuna que há *entre* a subjetividade e a objetividade que teremos o surgimento da *terceira área* – o *espaço potencial* que, com a dedicação e o suporte do meio, se tornará a *área transicional*" (Almeida, 2023b, pp. 88-89, grifos do autor).

Esse movimento de *libertação*, que terá início com o surgimento da transicionalidade, permanecerá autêntico ao longo da vida. Ora, não passamos grande parte da nossa existência lutando contra esse impasse que há entre ir e ficar, prender e soltar, temer e enfrentar? Em momentos de angústias extremas, quem nunca recorreu às orações, às meditações, às cantigas ou às lembranças que, de alguma forma, pudessem nos oferecer um mínimo de "contorno"?

Seguindo nessa esteira, Gilberto Safra salienta que:

> *A inserção desses símbolos [estéticos] no espaço potencial* suspende as dicotomias *do espaço e do tempo, do sujeito e do objeto, do externo e do interno. É o lugar dos paradoxos e da articulação da experiência de ser que, eventualmente, inscreverá o* self *do indivíduo no campo cultural. (Safra, 2005a, p. 29, grifos meus)*

Ao formular o conceito de transicionalidade, Winnicott amplia o debate sobre a própria condição existencial humana. O autor afasta as dicotomias e aproxima as disparidades, apresentando uma concepção de desenvolvimento híbrida e, portanto, menos engessada. O amadurecimento psíquico nada mais é do que um árduo processo de *vir a ser*, com altos e baixos, idas e vindas.

Cito Naffah Neto novamente:

> *O complexo de Édipo fará, enfim, aparecer a terceira pessoa na figura do pai e, com ela, a quarta, a quinta e toda a sociedade na qual a criança está inserida e que se fará presente através da escola, dos amigos, dos parentes. A primeira pessoa continua à frente da sua história, mas conhecendo as limitações impostas pela sociedade e pela cultura. A essa altura, a criança já formou um falso* self *saudável, isto é, já consegue pagar o seu tributo à necessária vida em sociedade sem perder contato com o seu mundo subjetivo – sua espontaneidade e criatividade. Mas o que acontece quando falhas ambientais precoces produzem um congelamento do processo de amadurecimento do bebê através da criação de um falso* self *patológico que, por meio do mecanismo da cisão, passa a encobrir o* self *verdadeiro, ainda em estado embrionário, como uma espécie de escudo protetor? Ocorre o que poderíamos designar como uma*

> *alienação da primeira pessoa na alteridade, ou seja, na segunda pessoa. Assim, o bebê deixa de agir em primeira pessoa – a partir de suas necessidades próprias – para reagir às intrusões de um ambiente traumatogênico, mimetizando seus traços na formação desse falso* self *patológico (Winnicott, 1960b/1990, p. 146-7). Com o encobrimento do* self *verdadeiro, a primeira pessoa se eclipsa e quem assume o seu lugar é um mimetismo de outrem. Por essa razão, nas regressões à dependência, trata-se, justamente, de restaurar o funcionamento em primeira pessoa, propiciando ao paciente a participação ativa na construção do seu destino. (Naffah Neto, 2019, p. 215)*

Esse é o ponto nodal da linhagem winnicottiana. Para Winnicott, temos o *direito* de regredir aos estágios mais primitivos do amadurecimento diante dos riscos que ameaçam a nossa integridade. Assim, um caráter central da confiabilidade do ambiente consiste, justamente, em manter sempre aberta a possibilidade de retorno, necessidade essa que perdura até a nossa morte.

Embora não se possa determinar idades exatas para as conquistas do amadurecimento, Winnicott afirma que, por volta de 1 ano a 1 ano e meio, as crianças estão começando a estabelecer a integração da personalidade. Essa integração só alcança maior estabilidade por volta dos dois ou três anos. "De qualquer forma, existe um momento bem definido na vida de toda criança em que ela se dá conta de ser uma *existência unitária, com algum tipo de identidade estabelecida*" (Dias, 2003, p. 254, grifos meus).

Se o infante soubesse falar, neste momento mais precoce da sua história, ele diria: "EU SOU". O eu alcançado é o resultado do árduo processo de integração que teve início lá nos primórdios. Entretanto, o estatuto de unidade do eu *não é todo coeso, sem fraturas ou ausente de conflitos,* mas um estado de integração espaçotemporal em um certo eu que possui algumas de suas características unidas e agrupadas, ao invés de elementos dissociados, dispersos ou abandonados (Dias, 2003). Com essa aquisição alcança-se, paradoxalmente, *um término e um começo*, pois o estado de EU SOU, o sentimento de ser real e de existir como identidade "não constituem um fim em si mesmo, mas uma 'posição a partir da qual a vida pode ser vivida'" (Winnicott, 1954/2009, p. 175, tradução minha).

A criança, agora, habita mais consistentemente o próprio corpo; percebe-se tendo uma membrana limitante, a pele, que a separa de tudo o que é não-eu. Todo não-eu é repudiado como externo. Ao mesmo tempo, o infante passa a ter um *interior*, uma realidade psíquica pessoal, onde podem ser colecionadas e relacionadas as memórias de experiências, inclusive todas as formações do inconsciente reprimido que, acrescentadas ao inconsciente originário, enriquecem a estrutura infinitamente complexa que pertence ao ser humano – incluindo, aqui, as fantasias.

Fazendo alusão a um termo de Winnicott, espero que essa introdução à teoria do amadurecimento tenha sido "suficientemente boa" para assegurar a compreensão dos leitores. A seguir, darei ênfase ao *estágio da consideração* (conforme as novas traduções da editora Ubu), ou *estágio da concernência* (termo que eu prefiro e que será mantido para a redação desse texto), pois o caso Piggle aborda as dificuldades do atravessamento desse estágio imprescindível para o ingresso no complexo de Édipo.[4]

4 Ver Almeida, A. P. & Naffah Neto, A. (2022). O estágio da concernência e a elaboração do complexo de Édipo: revisitando Winnicott e o caso Piggle. *Psicologia Revista, 31*(1), 27-50.

A função do diagnóstico psicanalítico e o manejo winnicottiano

Em seu clássico livro *O brincar e a realidade*, Winnicott salienta:

> *Creio que a principal razão para minha interpretação é permitir que o paciente saiba dos limites da minha compreensão. O princípio é o de que* apenas o paciente é quem tem as respostas. *Podemos ou não dar espaço para que ele se dê conta de tudo o que sabe ou que tome consciência disso com aceitação. (Winnicott, 1971/2019, p. 142, grifos meus)*

Pode-se afirmar que, depois de Sándor Ferenczi, Winnicott abalou os pilares da psicanálise clássica ao propor a ideia de que a interpretação não serve para *todos* os tipos de pacientes.

Sabemos que a interpretação tem como objetivo principal movimentar uma "ferida" reprimida (ou interna), trazendo-a para a consciência. E que isso pode resultar em alívio ou em mais angústia, descortinando a "raiz" do que precisa ser perlaborado. Seja como for, é preciso destacar que esse processo de trazer à consciência conteúdos reprimidos funciona muito bem com pacientes neuróticos, isto é: sujeitos que possuem um ego minimamente estabelecido – *com um dentro e um fora* –, que conseguem se diferenciar de outros objetos. No que tange à atuação do psicanalista, em enquadres como estes,

> *O que se espera do tratamento analítico é que a interpretação feita pelo analista do sentido latente dos conflitos, no momento em que estes são revividos na relação transferencial,* traga à consciência os conflitos e as defesas inconscientes, *desmanchando, assim, as soluções de compromisso que constituem os distúrbios psíquicos.*

> *Embora, obviamente, questões como o tipo de material a ser interpretado, o que interpretar primeiro ou a frequência e o conteúdo das interpretações sejam alvo de discussões intermináveis, pode-se dizer, com Laplanche e Pontalis, que a interpretação caracteriza a própria tarefa analítica. (Dias, 2023, p. 10, grifos meus)*

Grosso modo, o trabalho psicanalítico, de acordo com os pressupostos clássicos, é interpretar os conflitos reprimidos, de ordem sexual, que resultam na neurose. Esse objetivo não é descartado por Winnicott. Todavia, para ele, há alguns aspectos nos quais devemos nos atentar, antes de interpretar aquilo que julgamos ser necessário à melhora do paciente.

Com efeito, é preciso considerar que, na clínica winnicottiana, trabalhamos com um *diagnóstico psicanalítico* (para uso do próprio analista), que serve de direcionamento para o rumo do processo terapêutico, mediando as intervenções necessárias. Nas palavras do nosso autor: "Em alguns pacientes, com um certo tipo de diagnóstico, a provisão e a manutenção do *setting* são mais importantes que o trabalho interpretativo" (Winnicott, 1964/1994, p. 77).

Vejamos, a seguir, um dos argumentos que Winnicott utiliza para sustentar o seu ponto de vista:

> *A análise não consiste apenas em um exercício técnico. É algo que nos tornamos capazes de fazer quando alcançamos determinado estágio na aquisição de uma técnica básica. Aquilo que passamos a poder fazer é ajudar o paciente a seguir um processo, processo este* que em cada paciente tem seu próprio ritmo e traça seu próprio percurso. *Todos os aspectos importantes desse processo originam-se no paciente, e não em nós como analistas. (Winnicott, 1954/2021, pp. 462-463, grifos meus)*

No texto "Classificação: existe uma contribuição psicanalítica à classificação psiquiátrica?" (1959-64/2022), o psicanalista britânico faz algumas considerações pontuais sobre a psicose e a neurose, que nos ajudam a refletir sobre o manejo mais adequado de acordo com a *necessidade* do paciente. Acompanhemos:

> *O termo* psicose *é usado para indicar que, quando bebê, o indivíduo não foi capaz de atingir um grau de saúde pessoal que desse sentido ao complexo de Édipo, ou então que a organização da personalidade tem fraquezas que se revelaram quando a tensão máxima do complexo de Édipo teve de ser suportada. Veremos que há uma linha muito tênue entre esse segundo tipo de psicose e a neurose. [...] Em alguns casos de psicose clínica, o que vemos é um* colapso das defesas*; novas defesas têm de ser erigidas de um tipo ainda mais primitivo, mas o quadro clínico é dominado pelo colapso nas defesas [...]. Assim como o estudo das neuroses leva o estudante ao complexo de Édipo e a situações triangulares que atingem seu pico na criança em idade pré-escolar e de novo na adolescência, assim o estudo da psicose leva o pesquisador aos estágios iniciais da vida do bebê. Isso significa relacionamento mãe-bebê, uma vez que nenhum bebê pode se desenvolver fora de tal relacionamento. (Winnicott, 1959-64/2022, pp. 164-165, grifos do autor)*

Levando em consideração essa passagem, fica nítido o quanto é indispensável um estudo profundo da teoria winnicottiana sobre o desenvolvimento emocional. Os quadros de patologias mais graves certamente exigem um tratamento diferenciado, orientado pelo manejo do analista e pela sustentação (*holding*), favorecendo o processo de regressão à dependência por meio de uma relação de *confiabilidade*.

Tal processo pode – quando bem conduzido – possibilitar a revivência de estágios do amadurecimento que ficaram *congelados* devido às falhas e às intrusões ambientais. Cabe destacar, porém, que é o próprio paciente quem regride, valendo-se do seu *gesto espontâneo* – quando existem condições para isso. Cito Winnicott:

> *Aliás, creio não ser útil usar "regressão" toda vez que deparamos com um comportamento infantil em uma anamnese. O termo acabou dando origem a um significado popular que não precisamos adotar. Quando falamos de regressão em psicanálise, supomos a existência de uma organização do ego e uma ameaça de caos. [...] É como se houvesse uma expectativa de que surgissem condições favoráveis que possibilitassem a regressão e oferecessem uma nova oportunidade para o avanço do desenvolvimento, que havia sido inicialmente impossibilitado ou dificultado devido a uma falha ambiental. [...] A teoria aqui proposta é a da regressão como* parte de um processo de cura, *na verdade como um fenômeno normal que pode ser produtivamente estudado em pessoas saudáveis. (Winnicott, 1954/2021, p. 467, grifos meus)*

No caso Piggle, podemos encontrar um trecho que demonstra efetivamente o processo de regressão em análise descrito cuidadosamente por Winnicott – e respectivamente sustentado por ele. Na regressão terapêutica, o indivíduo *volta* a possibilitar a revivência de estágios do amadurecimento, ficando com a sua capacidade simbólica limitada. Nesses momentos, o analista é visto como um objeto subjetivo, ou seja, torna-se parte do ambiente e "é experimentado pelo paciente como uma extensão do seu ser" (Naffah Neto, 2023, p. 310) – fenômeno que Winnicott nomeou como "psicose de transferência". "Por isso, nessas regressões, não há nada a ser discriminado, já que aí não temos mais sobreposições temporais e espaciais, devendo a interpretação psicanalítica *ceder o seu lugar ao manejo terapêutico*" (Naffah Neto, 2023, p. 310, grifos meus).

Assim, é preciso ter cuidado para identificar o que é uma regressão daquilo que não é. Vejamos um recorte da segunda consulta de Piggle:

> *Gabrielle voltou junto do pai e, ao sair da sala, tentou fechar a sala. Percebi que o pai fazia grandes esforços para distraí-la, porque (obviamente) ele não sabia qual o seu papel no jogo. Chamei o pai para dentro da sala e Piggle entrou com ele. Ele sentou-se na cadeira azul. Ela sabia o que devia fazer. Subiu para o colo do pai e falou: "Eu sou tímida". [...] Enquanto fazia acrobacias no colo do pai, contava-lhe todos os detalhes. Mas logo ela iniciou uma fase nova e muito premeditada no jogo. "Eu também sou um bebê", anunciou. E desceu de cabeça por entre as pernas do pai até o chão. (Winnicott, 1977/1987, pp. 38-39)*

É essencial analisar cuidadosamente as notas feitas por Winnicott durante esse encontro, que indicam o movimento regressivo de Piggle. O autor escreve pequenas observações que podem ser assim enumeradas: "1) Precisando do pai para comunicar-se comigo; 2) Nascida do corpo do pai como se fosse do corpo da mãe; 3) Troca dos papéis entre o bebê e Gabrielle" (Winnicott, 1977/1987, pp. 38-39). Mais adiante, ele faz outro comentário importante para a nossa discussão: "Gabrielle[5] tinha então desenvolvido uma técnica de ser bebê ao mesmo tempo que permitia que representasse ser ela mesma" (Winnicott, 1977/1987, p. 40). Nesse trecho, o autor insere uma nota de rodapé que contém um comentário da mãe da menina: "É impressionante

---

5 Lembremos que Gabrielle é o nome real de Piggle, como evidenciado no capítulo 1. À medida que ela vai amadurecendo emocionalmente, o apelido "Piggle" cede lugar ao nome "Gabrielle" no próprio discurso da menina.

como a transferência ocorre no *limite exato* entre a participação e a interpretação" (Winnicott, 1977/1987, p. 40, grifos meus).

Esse trecho do caso de Gabrielle, a meu ver, exemplifica a teoria da regressão terapêutica de Winnicott de maneira notável. Nas entrelinhas das observações minuciosas de Winnicott, percebemos como Gabrielle regressa a estágios iniciais do desenvolvimento, exemplificado pelo seu comportamento que alterna entre o papel de um bebê e a sua identidade real (a sua idade cronológica). A regressão aqui pode ser identificada quando Gabrielle, deliberadamente, assume um comportamento infantil, como ao descer de cabeça por entre as pernas do pai, simbolizando um renascimento.

Essas ações são significativas; elas demonstram a capacidade da paciente de entrar em uma "psicose de transferência", nas quais o analista ou o pai, nesse caso, torna-se um objeto subjetivo e parte do ambiente psíquico da paciente. Nesse ambiente, as distinções temporais e espaciais são desfocadas – conforme a explicação de Naffah Neto (2023) –, exigindo uma abordagem terapêutica diferenciada, focada mais no *manejo* do que na interpretação psicanalítica. A menção de Winnicott às notas de rodapé, em que se destaca a observação da mãe de Gabrielle sobre a transferência ocorrendo no "limite exato entre a participação e a interpretação", reforça essa minha hipótese de um manejo delicado necessário em tais regressões.

Vale recordar que os pais de Piggle participaram do tratamento da menina de maneira efetiva. Essa participação não aconteceu apenas pelo fato de os pais precisarem de acolhimento ou porque Winnicott necessitava de mais informações sobre a sua paciente, mas porque "ele entendia que, com a sua ajuda, os pais seriam capazes de auxiliar a criança em seu desenvolvimento; houve o que Winnicott chamou de *psicanálise compartilhada*" (Serralha, 2009, p. 160).

É importante destacar que o analista e os pais *compartilharam* informações e hipóteses sobre o caso por meio de cartas e telefonemas, além da participação real dos pais nas sessões. Na verdade, a mãe só esteve presente, pessoalmente, na primeira consulta; já o pai, acompanhou todas as subsequentes – Winnicott acreditava que as angústias da mãe estavam relacionadas à etiologia do adoecimento da menina.

Retomando as anotações do autor sobre o seu modo de trabalhar com os pais de Gabrielle, encontramos a seguinte afirmação: "dividir o material com os pais – terapia de família não – estudo de caso não – psicanálise *partagée* (compartilhada)" (Clare Winnicott, 1977/1987, p. 10). Em resumo, Winnicott mantinha uma atenção constante às angústias da criança, enquanto simultaneamente facilitava o desenvolvimento do relacionamento com os pais, integrando-o como um componente essencial do processo analítico. Com essa conduta, ele fortalecia os laços de confiança, evitando interferências negativas e a sugestão de um "manual de instruções".

Em seu artigo intitulado "Aconselhando os pais" (1957), Winnicott escreve:

> *O fato é que, quando lidamos com pessoas saudáveis, nossa principal preocupação deve ser* acompanhar o tempo dos processos naturais; *a pressa e o atraso equivalem a uma interferência. Além disso, se conseguirmos nos ajustar a esses processos naturais, podemos deixar a maioria dos mecanismos mais complexos a cargo da própria natureza, restando a nós apenas observar e aprender. (Winnicott, 1957/2023, p. 195, grifos meus)*

No caso de uma "psicanálise de acordo com a demanda", como o de Gabrielle, uma condição essencial para o sucesso do tratamento seria a de que o ambiente da criança fosse capaz de dar a ela a sustentação emocional necessária nos períodos *entre* e *após* o término das sessões. Porém, neste caso, os pais participaram *durante* as sessões – em particular o pai, que se colocou totalmente disponível para *ser usado* por Gabrielle. Esse *uso transferencial* do pai, feito pela menina, era importante para Winnicott, conforme ele aponta em uma de suas notas: "O pai usado como mãe na transferência, *liberando-me para outras funções*" (1977/1987, p. 62, grifos meus). Na mesma página, encontramos outra passagem significativa: "Eu disse a Piggle que era importante ter um pai quando ela tivesse medo de ficar sozinha com Winnicott, e quisesse jogar com Winnicott um jogo semelhante àquele de nascer, usando um homem como uma mãe" (Winnicott, 1977/1987, p. 62, tradução corrigida por mim).

Serralha (2009) endossa a nossa discussão constatando que:

> *Para Winnicott, era importante o modo como Gabrielle* usava *o pai e ele mesmo na sessão, trocando papéis de acordo com a vontade dela, uma vez que, com isso, ela comunicava suas ansiedades e conseguia ser compreendida por eles. Por trás de tudo isso, Winnicott acreditava evidenciar-se "o sentimento de segurança com relação ao pai e à mãe reais" (1977/1987, p. 64). Ela sempre buscava o pai e, transferencialmente, a mãe no pai, quando algo inesperado acontecia na sessão, gerando ansiedade e desagradando-a. Um exemplo era quando Winnicott antecipava o momento em que ela poderia lidar bem com os fatos evidenciados em suas interpretações, como o que se segue: "Você estava com medo de achar que você queria fazer bebês comendo os navios". Gabrielle, então, respondeu: "Posso dizer 'Alô' para o papai?" Ela foi até o pai, voltou e disse: "Não vou voltar mais" (1977/1987, p. 71); e Gabrielle não quis voltar para a sessão. (Serralha, 2009, p. 165, grifos meus)*

É evidente, portanto, que Winnicott compreendia o quanto era essencial para Gabrielle buscar a *proteção* do pai nesses momentos de angústia, podendo contar com o *seu colo*. De modo análogo, Winnicott conquistava a confiança de Gabrielle, que pedia aos pais para vê-lo sempre que em casa as coisas ficavam difíceis para ela. Notamos, assim, uma alternância de *ego auxiliar*. Explico: "Quando a ansiedade se originava na relação com os pais, Gabrielle buscava o *Dr. Winnicott*. Quando a ansiedade se originava transferencialmente, ou não, na relação com Winnicott, Gabrielle buscava os pais reais" (Serralha, 2009, p. 165, grifos da autora). Essas eram as necessidades de Piggle, que o pediatra inglês se empenhava em atender.

Ora, é nítido o quanto o *setting* ancorado numa relação de maior confiabilidade e guiado por menos interpretações possibilitou Gabrielle regredir aos estágios mais iniciais do seu amadurecimento, elaborando o seu nascimento e *experienciando* o lugar da irmã mais nova – que havia nascido recentemente. Vivendo nesse papel, ela pôde ressignificar as suas angústias ausentes de simbolização – a partir da "elaboração imaginativa das funções corporais". Talvez um manejo orientado pela função interpretativa poderia, neste caso, intimidar a criança, substituindo o seu gesto espontâneo pela ação do próprio analista. Eis aqui o sentido crucial, atribuído pelo autor britânico à importância da regressão terapêutica como uma oportunidade de "cura" (do *vir a ser*).

Por outro lado, indivíduos que atingiram um grau maior de integração – atravessando o complexo de Édipo e desenvolvendo a maturidade necessária para lidar com a *ambivalência* – possuem aptidão para responder a um processo de análise "padrão" (tradicional), pautado na interpretação dos conteúdos inconscientes e na elaboração dos fenômenos transferenciais (Naffah Neto, 2011). Não obstante, podemos dizer que tais pacientes se tornaram *pessoas inteiras* e, de modo análogo, são capazes de se relacionar com pessoas inteiras.

Dentro desse enquadre – isto é, de pacientes que conquistaram tal integração –, um analista que oferece *holding* em excesso pode complicar a situação transferencial, dificultando os avanços do tratamento, pois a análise corre o risco de atender às demandas afetivas do *próprio* profissional e não as do paciente – podendo permanecer estagnada ou virando uma grande conversa informal "entre amigos" (cf. Almeida & Vieira, 2023).

Como vimos, Winnicott costumava dividir os seus casos em três *categorias* distintas para uma melhor condução do tratamento. A depender da categoria, o autor destacava um tipo de manejo, podendo este ser mais baseado na *sustentação* ou na *interpretação* dos conflitos internos. Cito-o:

> *Costumo dividir os casos em três categorias distintas.* Primeiro, *há pacientes que funcionam como pessoas inteiras, cujas dificuldades estão no âmbito dos relacionamentos interpessoais. [...]* Segundo, *aos pacientes nos quais a personalidade está começando a se tornar algo que poderíamos, com segurança, descrever como inteiro. [...] No* terceiro *grupo, inclui todos aqueles pacientes cuja análise deverá lidar com os estágios iniciais do desenvolvimento emocional, até o estabelecimento da personalidade como uma entidade e antes da aquisição do* status *de unidade em relação ao espaço-tempo. (Winnicott, 1954/2021, pp. 463-464, grifos do autor)*

Quando discorro sobre a ideia de diagnóstico em psicanálise, não me refiro à mesma semântica atribuída pela psiquiatria, sobretudo na perspectiva winnicottiana. Essas categorias, apontadas pelo autor, não são equivalentes ao termo "estrutura", pois elas *não* se referem a uma configuração rígida e preestabelecida permanentemente no psiquismo. Aliás, é Winnicott quem nos diz: "Na vida adulta, a integração é desfrutada num sentido do termo que vai se ampliando até alcançar a integridade" (Winnicott, 1967/2021, p. 30). Logo, estados de não integração esporádicos podem ser admitidos pelo indivíduo saudável, especialmente porque o relaxamento está associado à criatividade, de maneira que é a partir do estado "não integrado" que o impulso criativo emerge.

Dentre essas categorias assinaladas (pessoas integradas, recém-integradas e desintegradas), somente a segunda e a terceira exigem do analista um manejo de maior sustentação e a diminuição do uso das interpretações.

Dessa forma, a criança que recebeu esses cuidados iniciais – conseguindo integrar cada etapa do seu desenvolvimento primitivo e, posteriormente, as ambivalências relativas ao *ciclo benigno*[6] *e ao conflito edipiano*[7] – tende a se estabelecer como uma pessoa inteira, pois grande parte das suas aptidões foram *experienciadas* e *elaboradas* de maneira adequada. Em casos assim, "a técnica para o tratamento desses pacientes faz parte da psicanálise desenvolvida nas mãos de Freud no início do século XX" (Winnicott, 1954/2021, p. 463), a saber, a psicanálise tradicional, baseada nas interpretações do conteúdo reprimido.

Na oitava consulta de Piggle, Winnicott descreve um acontecimento, seguido de uma interpretação, que vai ao encontro dos temas que estamos trabalhando: os estados de maior integração.

> *Gabrielle: Eu morro de medo da Susan preta; então eu brinco com os brinquedos do senhor. Eu odeio Susan. Sim, eu odeio ela muito só quando ela leva meus brinquedos embora [subentendido: aqui, na casa do Dr. Winnicott,*

---

6 Que consiste no movimento psíquico: 1) o bebê ataca a mãe em fantasia, descarregando os seus impulsos agressivos e destrutivos; 2) a mãe "sobrevive", sem retaliar; 3) o bebê realiza reparações e, então, é capaz de usar o objeto. Esse processo acontece várias vezes ao longo da nossa existência, mas é essencial que ocorra antes do complexo de Édipo, assinalando o que Winnicott denominou de "estágio da concernência" (*stage of concern*) – ou "estágio da consideração", de acordo com as novas traduções publicadas pela editora Ubu.

7 Ver Almeida, A. P. & Naffah Neto, A. (2022). O estágio da concernência e a elaboração do complexo de Édipo: revisitando Winnicott e o caso Piggle. *Psicologia Revista*, *31*(1), 27-50.

> *ela faz uso dos brinquedos e Susan é excluída]. Essa casa é tão bonita. Quando Susan tá bem-vestida, ela é tão bonita. Eu [Winnicott]:* Você odeia e gosta de Susan, ao mesmo tempo. *(Winnicott, 1977/1987, p. 96, grifos meus)*

Como podemos notar nessa passagem, Piggle está vivenciando um estágio mais integrado da personalidade, conseguindo se diferenciar da irmã e dos outros (diferenciação eu do não-eu). Winnicott, atento a essa conquista maturacional, começa a trabalhar com os sentimentos ambivalentes da menina, valendo-se da interpretação psicanalítica. Essa postura, como podemos perceber, é muito diferente da técnica utilizada pelo autor enquanto a sua paciente estava em estados regredidos.

Voltemos, então, à questão do diagnóstico. Na segunda categoria descrita por Winnicott, podemos pensar nos pacientes *recém-integrados*, ou seja, sujeitos que apresentam problemas de humor – mais precisamente os *depressivos graves*. Esses adoecimentos costumam pertencer ao estágio de "dependência relativa", dificultando a apropriação dos impulsos agressivos destrutivos pelo bebê, por meio do processo de elaboração imaginativa das funções corporais.

Convém lembrar que, nesse período da vida, o bebê vive um intenso *sadismo oral*, querendo se apossar do seio materno, engoli-lo e devorá-lo. Essa *destrutividade* é manifestada, inicialmente, nas mamadas e em situações ainda mais simples, como quando o bebê fecha os olhos e o objeto "misteriosamente" desaparece – ou seja, é destruído *em fantasia*. Se a mãe sustenta a situação dia após dia, o bebê é capaz de organizar as numerosas consequências psíquicas dessa experiência (Winnicott, 1988/1990).

No seu clássico artigo "O uso de um objeto e a relação por meio de identificações" (1971/2019), Winnicott afirma que não pode existir uma verdadeira vida do self, isto é, nenhuma vida fundamentalmente criativa, sem que o indivíduo *experimente* a destruição do objeto e, de modo consecutivo, a sobrevivência do objeto à destruição provocada pelo bebê. O ambiente falho, nesse sentido, é aquele que não sobreviveu. O nosso autor é claro e salienta: "Para usar um objeto, o sujeito precisa ter desenvolvido a *capacidade* de usar objetos. Isso é parte da mudança do princípio da realidade" (1971/2019, p. 145).

É importante destacar que o sujeito não destrói o objeto simplesmente porque ele está fora da área de controle onipotente. Pelo contrário, *é a destruição do objeto que retira o indivíduo dessa área*. Nessas condições, o objeto desenvolve a sua própria autonomia e, quando sobrevive, *interage* com o indivíduo a partir de suas especificidades.

Em síntese: se o sujeito pode "destruir o objeto" – que sobrevive à destruição –, ele é capaz de se responsabilizar pela sua força (impulsos agressivos). A partir da apropriação desses impulsos, ele se torna capaz de dosá-los e utilizá-los da melhor maneira. O trabalho artístico ilustra bem isso: consideremos um pintor que deve aplicar suas pinceladas com delicadeza; o uso excessivo de força poderia, em vez de aperfeiçoar, danificar a tela.

Com efeito, o *uso do objeto* é um momento decisivo para que o bebê tenha a experiência de destruir e, consequentemente, de ser "construtivo" – ao "reconstruir" aquilo que foi destruído. Esse é o principal motivo pelo qual a fase do uso do objeto é o momento em que os alicerces da criatividade são integrados.

Assim, após essa fase extremamente necessária da sobrevivência do objeto cuidador,

> *Chega então um período em que a criança se torna uma unidade, torna-se capaz de sentir: EU SOU – tem um interior, é capaz de cavalgar sua agitação instintual e também de* conter as pressões e os estresses *gerados na realidade psíquica interna, pessoal.* A criança tornou-se capaz de se sentir deprimida. *Essa é uma conquista do crescimento individual. Nossa visão da depressão está intimamente*

> *ligada ao conceito de força do ego, de estabelecimento do* self *e de descoberta de uma identidade pessoal; é por essa razão que podemos discutir a ideia de que a depressão tem valor. (Winnicott, 1963/2021, p. 85, grifos do autor)*

Sob essa perspectiva, o analista deve ajudar o paciente a *integrar*, como um aspecto da sua própria natureza, a destrutividade que é inerente à impulsividade amorosa primitiva e que pode ter sido *inibida* ou *reprimida*.

No que tange ao manejo clínico, o que difere na análise das depressões em relação à das neuroses não é tanto o uso da interpretação, mas o fato de que, na transferência, a dinâmica mais poderosa está no *relacionamento* de duas pessoas (mãe-bebê), pois, nessa categoria, o indivíduo não alcançou a triangularidade edipiana – isto é, muito provavelmente pode não ter ocorrido a *sobrevivência* do objeto na fase do *ciclo benigno*. Nas palavras de Winnicott: "O desenvolvimento da capacidade para o *concern* é um assunto complexo, e depende da continuidade do relacionamento pessoal entre o bebê e a figura materna" (Winnicott, 1988/1990, p. 92).

Almeida e Naffah Neto (2022) ampliam a nossa discussão e afirmam que:

> *Quando a mãe fornece a oportunidade para que o "ciclo benigno" se repita inúmeras vezes (machucar e reparar), o bebê passa, gradualmente, a acreditar na possibilidade efetiva da reparação, como uma espécie de manifestação construtiva. Ao serem dadas as devidas condições de suportar essa culpa, que emerge naturalmente, o bebê se tornará livre para expressar o amor instintual.* Esta, para Winnicott, é a única culpa verdadeira. *(Almeida & Naffah Neto, 2022, p. 39, grifos meus)*

Com efeito, o bebê começa a desenvolver uma maior consciência de si e do mundo ao seu redor, percebendo que é um Eu separado da mãe e que precisará se responsabilizar, *em primeira pessoa*, por tudo aquilo que ele projeta no mundo. Não mais fusionado à mãe, o lactente agora se vê diante de uma nova realidade, na qual deve responder pelos seus próprios impulsos.

Portanto, a característica marcante dessa teoria é o "bom" funcionamento do "ciclo benigno", baseado na restituição do objeto amado/destruído – que só se torna possível se houver a sobrevivência da figura materna, conforme apontei anteriormente.

Voltando ao caso clínico, em uma carta redigida pelo pai de Piggle, reproduzida por Winnicott no registro da segunda consulta, podemos ler a seguinte passagem:

> *Na hora de ir para a cama, fez a maior cena, o que, aliás, vem acontecendo com muita frequência ultimamente. Ela diz que tem medo de a mamãe preta vir agarrá-la. [...] Levantou-se e insistiu para apanhar a cadeira no quarto ao lado. Disse-lhe que a cadeira era dela, mas que a cadeira precisava de uma almofada: "Uma almofada preta; e então posso me sentar nela". – "Por que você é preta?" – "Sim, porque eu quebrei a mamãe preta em pedaços. Estou preocupada". "Não se preocupe" – "Eu quero me preocupar". [...] Uma introdução recente: uma oração, pedindo principalmente proteção, tem de ser repetida várias vezes.* Nota adicional: *"Eu jogo os brinquedos do Dr. Winnicott fora, se eu quebrar eles". Piggle disse isso no táxi, a caminho do seu consultório, quando foi vê-lo pela última vez. (Winnicott, 1977/1987, p. 45, grifos do autor)*

É interessante observar o movimento de Gabrielle em relação à apropriação dos seus impulsos agressivos. Percebemos que existe, nesse contexto, uma sobrevivência da família e, também, do próprio Winnicott, já que a menina consegue admitir sem censura ou ansiedade que, no consultório do seu analista ela pode jogar fora os brinquedos que quebra, sem retaliações por parte dele. A mesma coisa acontece em casa, quando Piggle diz que está "preocupada" após quebrar a "mamãe preta[8] em pedaços". Isto é: há, nesse momento, o início de uma *consideração* legítima pelo outro e pelas consequências da própria agressividade.

Na clínica, essa forma de subjetivação exigirá uma *presença implicada* do analista e uma maior tolerância aos ataques destrutivos desses indivíduos. Segundo Winnicott, "[...] se trata da análise do estágio da consideração [*concern*] e do que ficou conhecido como 'posição depressiva'" (1954/2021, p. 463). Pacientes que se encaixam nessa descrição fenomenológica requerem uma análise do estado de ânimo, em que "[...] o elemento importante é a *sobrevivência do analista* na condição de fator dinâmico" (Winnicott, 1954/2021, p. 463, grifos meus). Novamente nos deparamos com uma prática que não abrange apenas o uso da interpretação clássica, mas exige sustentação (*holding*) e um manuseio (*handling*) da cena analítica apropriado.

Retornando ao caso Piggle, notamos a importância do trabalho de Winnicott em relação ao ato de sobrevivência diante dos impulsos destrutivos da menina. Reproduzo, a seguir, uma passagem do livro de Almeida (2023b) que, embora extensa, sintetiza precisamente o tema que estou abordando aqui:

---

8 Podemos dizer que a mamãe preta descreve uma cisão da figura materna, o duplo da mãe de Piggle, colorido pelo ódio da menina (ódio, aqui, representado pela cor preta) e cindido da figura amada da mãe. Tudo isso em consequência da ausência de experiência para lidar com a ambivalência amor-ódio. Ou seja, no caso de Piggle, essa imaturidade para suportar a ambivalência resultou na cisão do objeto em duas partes: a primeira representada por uma figura amada, e a outra, por uma figura odiada e temida (resultando na garotinha medos persecutórios, que apareciam com frequência ao longo da noite).

Poder lidar com o amor e o ódio não é uma tarefa fácil para as crianças, porém, é uma condição particular para a integração da agressividade pessoal. Os problemas de Gabrielle se iniciaram nesse momento, quando ela ainda estava em processo de integração, entrando no estágio da concernência. A experiência vivida entre ela, os pais e a irmã estava além da sua capacidade de elaboração psíquica, pois despertou as eventualidades do conflito edipiano antes mesmo que a menina pudesse passar pelos percalços da concernência – trata-se, portanto, de uma realidade objetiva colocada de fora para dentro *que ativou os mecanismos de defesa da pequena paciente.*

Para Winnicott, se uma criança pode expressar sua agressividade, ela tende a aceitar a sua responsabilidade pessoal, que resultará no fortalecimento do ego e, por conseguinte, na capacidade de reparação e restituição. Contudo, a mãe e o pai de Gabrielle pareciam ter dificuldades em enfrentar, nesses termos descritos, o ódio manifestado pela filha. Essa falha, mesmo que não intencional, levou Piggle a criar as fantasias que originaram as figuras da "mamãe preta" e do "bebê-car", responsáveis por retaliar, na mesma proporção, a destrutividade dirigida a eles – causando um enorme sofrimento na criança.

Por fim, Winnicott deduz que a "mamãe preta" era um "vestígio de uma noção subjetiva, preconcebida, sobre a mãe" (1977, p. 30). Em suas observações teóricas após o primeiro encontro, o autor escreveu que Gabrielle foi forçada a um desenvolvimento prematuro do ego e que ela não estava preparada para assimilar a ambivalência (Winnicott, 1977).

Na sétima consulta, Winnicott e Piggle estavam brincando com um trenzinho e o analista fez um movimento com o trem que irritou a paciente. Segundo ele, a menina quase

> *lhe atirou um trator que estava engatado no trem. Diante disso, o autor comentou: "ato agressivo, pondo seus impulsos para fora e para dentro de mim" (1977, p. 87). No trecho, é possível observar que Gabrielle lançou o brinquedo im*piedosamente. *O analista, por outro lado, não interpretou o gesto dela e deu* continuidade *ao brincar. Winnicott parece ter manejado a situação de tal forma que Gabrielle se sentiu segura para expressar os seus impulsos agressivos. Com efeito, a análise transformou-se num espaço em que as vivências precoces e intrusivas pudessem, aos poucos, ser elaboradas e, talvez, resolvidas. Tudo isso na companhia de um analista sensível que sabia identificar as necessidades de seus pacientes – um aspecto muito significativo, principalmente, quando a vida nos surpreende com ocasiões que ainda não somos capazes de assimilar psiquicamente. (Almeida, 2023b, pp. 191-192, grifos do autor)*

Por fim, chegamos à terceira categoria definida por Winnicott: a de pessoas que sofreram graves falhas no período inicial da vida e, portanto, não alcançaram o *status* de "pessoas inteiras"; ou seja, casos em que encontramos uma intensa *desintegração espaçotemporal* e uma dissociação psique-soma – indivíduos psicóticos ou *borderline*, especialmente. Em tais situações, é necessário que aconteça uma regressão ainda mais profunda, por parte do paciente – conduzida pelo analista –, em busca do verdadeiro *self*.

Quando falamos de regressão em psicanálise, supomos a existência de um ego, ainda que frágil, que reage diante de uma ameaça de caos, *regredindo*. É como se houvesse uma expectativa de que surgissem condições favoráveis que possibilitassem a regressão e oferecessem uma nova oportunidade para o avanço do desenvolvimento emocional, que se encontrava congelado até então, devido às falhas ambientais primitivas. Nos casos mais extremos, o analista deve ir ao encontro do analisando (numa dimensão subjetiva) e proporcionar-lhe, ativamente, uma boa "maternagem" – eis aqui o significado de *holding*. É nesse sentido que Winnicott afirma:

> *Há uma enorme diferença entre os pacientes que tiveram experiências positivas no início, pois elas podem ser descobertas na transferência, e aqueles cujas experiências iniciais foram tão deficientes ou distorcidas que o analista terá de ser a primeira pessoa na vida do paciente a fornecer certos elementos essenciais do ambiente. (Winnicott, 1947/2021, p. 363)*

Penso ser necessário destacar, mais uma vez, o uso indevido e demasiado do *holding* em detrimento das interpretações psicanalíticas em quadros de neurose.[9] Sob essas condições, a análise corre um grande risco de tornar-se um bate-papo informal, sem a conquista de *insights* ou a elaboração dos conflitos inconscientes.

Em certos quadros específicos, notamos que a necessidade de cuidar é oriunda do *próprio* analista. Porém, não podemos nos esquecer que parte do cuidado requer a nossa "saída de cena" – bem como ocorre com o bebê que *cria* o objeto transicional na ausência momentânea da mãe –, conduzindo o paciente ao estado de dependência relativa, para que ele possa chegar, por si próprio, rumo à independência – esse procedimento pertence ao que nomeamos de manejo (*management*). O excesso de *holding*, por outro lado, representa um exagero de cuidado que pode sufocar o analisando, resultando na criação de uma relação simbiótica de *total submissão*. Não obstante, nada é mais patológico do que essa conduta. Afinal,

9 Vale lembrar que Winnicott se refere à neurose como uma patologia típica de *pacientes integrados*, que atravessaram o complexo de Édipo e que possuem uma organização psicossomática.

> *No trabalho que estou procurando descrever, o analista adota os princípios básicos da psicanálise, em que o inconsciente do paciente é quem lidera e está a sós para ser seguido pelo analista. Ao lidar com uma tendência regressiva, o analista deve estar preparado para seguir o processo inconsciente do paciente, evitando tornar-se diretivo e sair do seu papel de analista. Descobri que* não é necessário sair do papel de analista *e que é possível seguir a liderança do inconsciente do paciente nesse tipo de tratamento tanto como na análise de uma neurose. Existe, no entanto, diferenças entre os dois tipos de trabalho. (Winnicott, 1955-56/2021, p. 489, grifos meus)*

Além disso, é importante recordar que Winnicott menciona o isolamento do *self* como um critério indispensável à saúde individual. Qualquer ameaça a esse isolamento constitui uma ansiedade maior, estimulando a criação de defesas mais elaboradas para evitar a incidência dessas intrusões – o cuidado demasiado seria uma delas. Figueiredo (2012), nesse âmbito, nos alerta que "[...] tais sujeitos dependentes de cuidados cumprem, no plano inconsciente, o papel de cuidarem de seus cuidadores, que não poderiam viver sem eles" (p. 147). Adoecer, por exemplo, chegando à psicose, pode ser uma forma de cuidar dos pais, dando-lhes sentido e razão de ser. A mesma conjuntura pode ser conferida à *postura* equivocada do analista frente ao seu paciente, exagerando nos "cuidados".

Jan Abram expande o nosso debate e afirma que:

> *As defesas que são construídas pelo indivíduo que sofreu uma violação do seu* self *emanam da necessidade de proteger o núcleo isolado do* self. *É por isso que Winnicott se refere à* psicose como uma defesa. *É uma defesa contra uma experiência muito real de violação e, portanto, as*

> *defesas psicóticas se estabelecem para proteger o indivíduo de uma exploração infinita por parte de um objeto invasivo e traumatizante. (Abram, 2023, n.p., grifos meus)*

Tal afirmação escancara a importância vital da análise pessoal do analista para a prática do seu ofício. Ora, lembremos que o histórico do desenvolvimento emocional do paciente aparece no território privilegiado da *transferência*. É muito importante que o analista não dê as respostas, a menos que o analisando lhe forneça as pistas. O psicanalista capta tais "pistas" e faz a interpretação ou o *holding*, quando necessário. Nas palavras de Winnicott:

> *O analista que está satisfazendo as necessidades de um paciente que por sua vez está revivendo esses estágios precoces na transferência sofre mudanças similares de orientação; e o analista, diferentemente da mãe, precisa estar atento à sensibilidade que se desenvolve nele ou nela como resposta à imaturidade e dependência do paciente. Isso pode ser considerado uma extensão da descrição que Freud faz do analista como alguém em estado voluntário de atenção. (Winnicott, 1960a/2022, p. 66)*

É evidente que o ponto de partida de um trabalho psicoterapêutico, do qual um dos objetivos é promover o sentido de vitalidade e realidade no indivíduo, não deve se basear apenas na crença em uma "psique" que representaria tudo de forma onipotente. Para Winnicott, a "psique" e a sua capacidade de elaboração são componentes inatos à experiência humana, não se limitando apenas à sobrevivência biológica ou ao instinto de autoconservação, mas ao próprio viver humano.

No entanto, quando esse sentido de viver é comprometido devido à impossibilidade de "experienciar" os diversos estágios do amadurecimento, a simbolização e os *insights* podem ocorrer de maneira artificial – como uma espécie de movimento falso, servindo apenas como uma *defesa* contra o sofrimento (o que Winnicott chamou de falso *self*).

Nesses termos, sustentar um encontro humano é um processo altamente sofisticado. A meu ver, sustentar não é sinônimo de fornecer apoio cego, ignorando a complexidade da natureza humana ou idealizando o sofrimento. Sustentar requer não apenas um nível suficientemente maduro de desenvolvimento pessoal, adquirido na vida cotidiana, mas também exige um bom percurso de análise pessoal do analista – como parte de uma *experiência* significativa. Além disso, é preciso construir uma base sólida de conhecimento teórico e crítico.

Winnicott nos lembra que, ao iniciar uma análise, ele deseja "ser ele mesmo e se portar bem!" (1962/2022, p. 212). Essa expressão simples captura o desafio subjacente à ideia de uma clínica que busca sustentar o paciente para ajudá-lo a recuperar o sentimento de vitalidade (e de realização). Isso não significa amar o paciente incondicionalmente apenas porque ele é um ser humano nem respeitá-lo como uma representação abstrata da humanidade. Em vez disso, trata-se de estar presente de maneira autêntica e disponível, reconhecendo a singularidade existencial do paciente.

Todavia, todas essas questões não querem dizer que um indivíduo neurótico não precisará de *holding* em algum momento de sua análise. Muito pelo contrário: a concepção de saúde, para o psicanalista britânico, está atrelada à capacidade de retomar alguns pontos da nossa existência que ficaram "em aberto", construindo uma nova narrativa e novos significados para os nossos traumas.

Ressalto, por último, que Winnicott é um grande *herdeiro* das ideias de Freud e de Klein – como ele mesmo gostava de realçar em seus escritos. Logo, uma clínica que despreze as contribuições desses autores, no que tange ao sentido das interpretações, está, de algum modo, desprezando também as descobertas winnicottianas.

Em diversas passagens do caso Piggle, por exemplo, ele realiza interpretações ligadas à sexualidade e ao sadismo da menina – embora elas possuam a qualidade de uma proposição e não de uma imposição inquestionável.

Na sexta consulta, por exemplo, o nosso autor descreve a seguinte situação:

> *A paciente estava agora com dois anos e dez meses. Cumprimentei-a na porta com um "Alô Gabrielle". Dessa vez eu sabia que devia dizer Gabrielle, e não, Piggle. Ela dirigiu-se imediatamente para os brinquedos.*
> *Eu: Gabrielle vem me ver outra vez.*
> *Gabrielle: Sim.*
> *Ela pôs junto os dois animais grandes e macios e falou: "Eles estão juntos e gostam muito um do outro". Ela estava também unindo dois vagões de um trem.*
> *Eu: E eles estão fazendo bebês.*
> *Gabrielle:* Não, eles estão fazendo amizade.
> *Estava ainda juntando partes de trens e eu falei: "Você poderia estar reunindo todas as ocasiões diferentes em que você veio me ver". Respondeu: "Sim". (Winnicott, 1977/1987, p. 75, grifos meus)*

Considero que Winnicott teve uma delicadeza enorme ao rever o conteúdo da sua interpretação que, *a priori*, teve a intenção de tangenciar as questões sexuais de Gabrielle (os dois animais que faziam bebês). Ao reconhecer o seu erro, o autor assinala a sua humildade clínica e humaniza o processo psicoterapêutico, dando lugar às constatações da paciente – que, nesse caso, era uma criança pequena. Ele simplesmente ouve o analisando sem afirmar deduções baseadas unicamente na teoria. Existe, portanto, uma troca, um brincar compartilhado. Tais aspectos inauguram uma nova maneira de praticar a psicanálise, que influenciam o nosso fazer clínico até os dias atuais – para quem deseja beber dessa fonte, obviamente.

Em seu artigo "A teoria do relacionamento pais-bebê", Winnicott nos alerta:

> *Nos casos bem escolhidos, esse resultado vem da capacidade do paciente de confiar, que é redescoberta na confiabilidade do analista e no* setting *profissional. Algumas vezes o analista precisa esperar um tempo muito longo; e no caso que é* mal *escolhido para a psicanálise clássica é provável que a confiabilidade do analista seja o fator mais importante (*ou mais importante do que as interpretações*), porque o paciente não experimentou tal confiabilidade no cuidado materno na infância inicial, e se tiver de utilizar essa confiabilidade, terá que encontrá-la pela primeira vez no comportamento do analista. (Winnicott, 1960a/2022, pp. 45-46, grifos meus)*

Podemos considerar, assim, que evitando o uso de interpretações mais assertivas, Winnicott consegue estabelecer um vínculo de confiança com Piggle, que permite a ela regredir, *em primeira pessoa*, revivendo situações com ele que não foram experienciadas em seu amadurecimento inicial.

Ora, toda análise porta consigo um determinado objetivo, que deve estar alinhado ao seu término – pelo menos é isso que se espera. Um tratamento psicanalítico não pode ser entendido como um estilo de vida para quem vai ao seu encontro. "Todos nós esperamos que nossos pacientes terminem o trabalho conosco e nos esqueçam e que descubram que a vida, em si mesma, é a terapia que faz sentido" (Winnicott, 1971/2019, p. 143).

No entanto, nada disso é alcançado sem confiança. Firmar uma relação de confiabilidade exige bastante maturidade da nossa parte para lidar com a independência dos nossos pacientes. Isto é: "acolher e deixar ir" são movimentos cruciais à escuta do sofrimento psíquico. Sem isso não há análise, ainda que ela esteja camuflada das melhores intenções.

A problemática da neurose e da psicose de transferência

Antes de finalizar este capítulo, cabe aqui fazer um acréscimo. É importante ressaltar que, concomitantemente aos estados de maior ou menor integração, há, na teoria winnicottiana, uma compreensão para os diversos tipos de *transferência*. Sobre essa temática, Naffah Neto afirma que:

> *É corrente a ideia – baseada numa primeira leitura dos textos de Winnicott – de que ele somente utilizava a interpretação psicanalítica quando tratava de pacientes neuróticos – e, até certo ponto, de pacientes depressivos –, privilegiando o manejo transferencial quando os pacientes eram* borderline, *psicóticos ou apresentavam tendência antissocial (em qualquer dos seus níveis de gravidade). No entanto, essa versão das coisas é superficial, se não equivocada. [...] o que legitima o uso da interpretação como ferramenta clínica, na clínica winnicottiana, não é o mero diagnóstico diferencial das patologias em questão – muito embora ele seja* fundamental –, *mas o* tipo *de transferência que está em curso: ou seja, se está em foco uma* neurose *de transferência ou uma* psicose *de transferência. (Naffah Neto, 2023, pp. 261-262, grifos do autor)*

Pois bem, de acordo com Winnicott, pacientes *borderline* ou até mesmo psicóticos podem, em momentos específicos – quando não estão passando por surtos ou imersos em processos regressivos –, desenvolver uma relação de *neurose de transferência* (Naffah Neto, 2023).

Nesse contexto, a interpretação nos moldes tradicionais permanece pertinente e alinhada aos objetivos do tratamento. Além disso, pacientes neuróticos podem, em determinadas circunstâncias, apresentar *defesas psicóticas* durante a análise, manifestando uma *psicose de transferência* que, geralmente, será acompanhada por um processo regressivo. Esse fenômeno exige um manejo cuidadoso da relação transferencial.

Em suma, embora o diagnóstico inicial seja relevante – como discutido no item anterior –, é essencial observar as defesas que os analisandos erguem ao longo do percurso analítico. Essas defesas podem assumir características tanto psicóticas quanto neuróticas, variando conforme o momento da análise.

Isso posto, exponho o que Winnicott entende como "neurose de transferência" e "psicose de transferência", começando pela primeira:

> *A característica da técnica psicanalítica reside no uso da transferência e da* neurose de transferência. *Transferência não é apenas uma questão de relacionamento, ou de relações. Ela se refere ao modo como fenômenos altamente subjetivos aparecem repetidamente na análise. A psicanálise consiste principalmente em propiciar as condições para o desenvolvimento desses fenômenos, e a interpretação deles no momento oportuno. A interpretação relaciona o fenômeno específico da transferência a uma parcela da realidade psíquica do paciente, e isso significa em alguns casos relacioná-la ao mesmo tempo a uma parcela das vivências passadas do paciente. (Winnicott, 1960b/2022, p. 203, grifos do autor)*

Winnicott defende que o manejo na análise da "neurose de transferência" é realizado através do trabalho que o analista "*executa com sua mente*" (Winnicott, 1960b/2022, p. 207, grifos do autor). Em sua justificativa, o autor dirá que a atuação do analista, nesse tipo de transferência, deve ser conduzida

> *[...]* com esforço mental consciente. *Ideias e sentimentos me vêm à mente, mas estes são bem examinados e* filtrados *antes de eu fazer uma interpretação. Isso não quer dizer que sentimentos não estão envolvidos. Por um lado, posso ter dor no estômago, mas isso em geral não afeta minhas interpretações; e por outro lado, posso ter sido estimulado erótica ou agressivamente por uma ideia manifestada pelo paciente, mas novamente isso em geral não afeta o meu trabalho interpretativo – o que eu digo, como o digo e quando o digo. (Winnicott, 1960b/2022, p. 207, grifos meus)*

O nosso autor destaca a importância de manter-se *firme* e evitar a fusão, característica inevitável da psicose de transferência, em que o terapeuta pode, involuntariamente, ser arrastado para essa dinâmica (Naffah Neto, 2023). Já no contexto da neurose de transferência, Winnicott aborda de forma sucinta a construção e o uso das interpretações no trabalho analítico. Nessas condições, ele afirma: "Digo uma coisa, ou digo uma coisa em duas ou três partes. Nunca uso frases longas, a menos que esteja muito cansado. Se estou próximo do ponto de exaustão, começo a ensinar. Além disso, na minha opinião, uma interpretação que contém a expressão 'além disso' vira uma aula" (Winnicott, 1962/2022, p. 213).

Grosso modo, podemos pensar na neurose de transferência como um momento de maior integração do paciente, em que o excesso de respostas vindas do analista seria percebido como algo sem utilidade para ele. É como tentar "infantilizar" um adolescente, que está descobrindo o mundo por si só e recusa o seu estado de dependência. É por essa via que Winnicott afirma:

> *É muito importante, exceto quando o paciente está regredido à infância mais precoce e ao estado de fusão, que o analista não dê as respostas a menos que o paciente dê pistas. O analista capta essas pistas e faz a interpretação, e muitas vezes acontece de o paciente falhar em dar as pistas, impedindo o trabalho do analista. Essa limitação do poder do analista é importante para o paciente, assim como o poder do analista é importante, representado pela interpretação correta, feita no momento certo e baseada nas pistas e na cooperação inconsciente do paciente, que está fornecendo o material que vai fundamentar e justificar a interpretação. (Winnicott, 1960a/2022, p. 63)*

Ou seja, analisar a neurose de transferência é como jogar xadrez: trata-se de um processo que demanda *estratégia* e *paciência*. É uma tarefa que exige uma *performance* mais bem-sucedida do intelecto, a saber, a capacidade de pensar do analista e formular intervenções que façam algum sentido a partir da dinâmica transferencial.

Antes de abordar o conceito de psicose de transferência, é importante esclarecer o que Winnicott entende por psicose. Cito-o:

> *A psicose pode ser vista como uma doença que tem mais a ver com as experiências nas fases mais precoces do que com as tensões no nível dos relacionamentos interpessoais que levam às defesas repressivas. No caso extremo não houve nenhum complexo de Édipo verdadeiro, porque o indivíduo ficou tão preso em um estágio anterior do desenvolvimento que as relações triangulares verdadeiras e plenas nunca se concretizaram. É claro que é possível encontrar casos para descrição que demonstram uma mistura de normalidade, em termos do complexo de Édipo, com psicose, em termos*

> *de ficar detido em uma fase do desenvolvimento emocional inicial. Contudo, esses casos mistos não nos interessam aqui, uma vez que estamos procurando conceituar um tema extremamente complexo em termos simples. Neurose, então, faz parte das defesas organizadas ao redor de ansiedades e conflitos de pessoas relativamente normais, isto é, pessoas que, de qualquer modo, atingiram o estágio do complexo de Édipo. (Winnicott, 1963/2022, p. 282)*

Esse segundo tipo de psicose, descrito por Winnicott, é caracterizado por *defesas* construídas frente à ameaça de desintegração da personalidade, especialmente quando é necessário sustentar a intensa *ambivalência* de sentimentos desencadeada pelo complexo de Édipo. Pode-se dizer que essa forma de psicose (mais sofisticada) se *transfigura* como uma neurose de transferência durante certos momentos da análise – confundindo a escuta do analista. Isto é: o paciente apresenta uma organização psíquica, ainda que mínima, conquistada às custas de um falso *self* cindido patológico que se mantém *funcional*. É o que observamos comumente nas personalidades do tipo *borderline*, formadas em fases pré-édipicas, por exemplo.

O primeiro tipo, por sua vez, manifesta-se em um estágio mais primitivo do desenvolvimento emocional, resultado da ausência de cuidados adequados na fase de "dependência absoluta" do lactente. Nesse período, o bebê ainda não alcançou a integração e vive em uma realidade subjetivamente percebida. Em vez de experienciar suas vivências de forma espontânea, precisa *reagir* às falhas do ambiente. O excesso de intrusões – ou mesmo o *limite* daquilo que a criança consegue suportar – é vivenciado como avassalador, gerando uma busca incessante por estratégias de autoproteção, muitas vezes por meio da hipertrofia do intelecto. Tal estado contínuo de vigilância impede o relaxamento e a capacidade de "brincar". É como estar em um campo de guerra, sempre alerta para um novo bombardeio.

Entendendo, assim, a etiologia desse tipo de adoecimento psíquico e suas respectivas variações, penso que podemos falar, agora, das psicoses de transferência. Elas ocorrem sempre em pacientes que apresentam estados de profunda regressão à dependência e, diferentemente da neurose de transferência, "a figura real do analista é *inteiramente eclipsada*" (Naffah Neto, 2023, p. 275, grifos meus). Isto é: o analista é experimentado como *objeto subjetivo*.

Nesse tipo de transferência, a conduta do analista, refletida no conjunto de cuidados oferecidos no *setting*, deve ser suficientemente boa para se ajustar às necessidades do indivíduo. Esse manejo é, aos poucos, sentido pelo paciente como algo que "suscita a esperança de que o verdadeiro *self* poderá finalmente correr os riscos implícitos em começar a experimentar a viver" (Winnicott, 1955-56/2021, p. 489).

Por meio dessa sustentação, um tanto quanto trabalhosa, "em algum momento o falso *self* entrega-se ao analista" (Winnicott, 1955-56/2021, p. 489). Esse é um período de extrema dependência e vulnerabilidade, no qual o paciente vivencia uma regressão profunda. A experiência é particularmente dolorosa, pois, ao contrário do que ocorreu na infância, agora ele tem consciência dos riscos envolvidos nesse processo.

Uma das características centrais desse tipo de transferência (psicótica) é o fato de que devemos permitir que o passado do paciente se torne presente. "Enquanto na neurose de transferência o passado vem ao consultório, nesse tipo de trabalho é mais correto dizermos que o presente retorna ao passado, *e é o passado*" (Winnicott, 1955-56/2021, p. 490, grifos meus).[10] O analista se vê, nesse contexto, confrontado com a situação traumática original do analisando.

10 Margaret Little, psicanalista e paciente de Winnicott, em seu livro *Ansiedades psicóticas e prevenção,* descreve os seus estados profundos de regressão, detalhando precisamente o que acabei de explicar: "Para mim, D. W. *não representava* a minha mãe. Em minha ilusão de transferência, ele realmente *era* a minha mãe. [...] para mim as mãos dele *eram* o cordão umbilical, seu divã a placenta e o cobertor as

Logo, a interpretação nesses cenários se mostra ineficaz, tendo em vista "que não há nada a ser discriminado, diferenciado, nem no nível dos tempos envolvidos nem no nível dos objetos aí implicados" (Naffah Neto, 2023, p. 276). Faz-se necessária, então, somente a *sustentação* do processo analítico, para que o paciente possa reviver o fato traumático em um ambiente mais acolhedor, retomando sua história real que ficou *congelada*. "Por essa razão, não cabe mais a atenção flutuante do analista como ferramenta clínica, e muito menos se esperar associações livres de um paciente em tais condições" (Naffah Neto, 2023, p. 276).

Acompanhando o relato do caso Piggle, podemos perceber o quanto Winnicott procura manter um "equilíbrio", ora lidando com as neuroses de transferência, ora com as psicoses de transferência – sobretudo quando Gabrielle está mais regredida. Porém, é preciso admitir o quanto essa técnica é complexa e exige sensibilidade do profissional. Não à toa o autor britânico afirma, de modo categórico, que: "na análise de pacientes psicóticos [...] o analista irá encontrar-se numa posição comparável à da mãe de um bebê recém-nascido" (Winnicott, 1947/2021, p. 368).

Esse ponto de vista, portanto, expande o nosso olhar sobre o funcionamento psíquico, demandando, de nossa parte, uma postura mais implicada e respaldada na ética do cuidado. Afinal, como bem disse o nosso autor:

> *O analista deve dispor de toda a paciência, tolerância e confiabilidade de uma mãe dedicada a seu bebê. Deve reconhecer os desejos do paciente como necessidades. Deve deixar de lado quaisquer outros interesses a fim de estar disponível e ser pontual e objetivo. E deve parecer querer dar o que na*

membranas, tudo muito abaixo de qualquer nível consciente" (Little, 1992, pp. 95-96, grifos da autora).

> *verdade precisa ser dado apenas em razão das necessidades do paciente. (Winnicott, 1947/2021, p. 369)*

Eis aí uma síntese do nosso trabalho, sempre demarcado pela complexidade de seu vértice "impossível", mas, ainda assim, nutrido pela esperança.

Referências

Abram, J. (2023). *O objeto sobrevivente: ensaios clínicos psicanalíticos sobre a sobrevivência psíquica do objeto.* Dublinense.

Almeida, A. P. & Naffah Neto, A. (2022). O estágio da concernência e a elaboração do complexo de Édipo: revisitando Winnicott e o caso Piggle. *Psicologia Revista, 31*(1), 27-50.

Almeida, A. P. (2023a). *Por uma ética do cuidado: Ferenczi para educadores e psicanalistas* (vol. 1). Blucher.

Almeida, A. P. (2023b). *Por uma ética do cuidado: Winnicott para educadores e psicanalistas* (vol. 2). Blucher.

Almeida, A. P. & Vieira, F. P. (2023). Nem tudo é *holding* na clínica winnicottiana. In S. Gomes (Org.), *Winnicott: seminários mineiros (ambiente e holding).* INM Editora.

Dias, E. O. (2003). *A teoria do amadurecimento de D. W. Winnicott.* Imago.

Figueiredo, L. C. (2012). *As diversas faces do cuidar: novos ensaios de psicanálise.* Escuta.

Fulgencio, L. et. al. (Org.). (2018). *A bruxa metapsicologia e seus destinos.* Blucher.

Girard, M. (2018). Winnicott fundamenta os conceitos básicos da metapsicologia freudiana. In L. Fulgencio et al. (Org.), *A bruxa metapsicologia e seus destinos.* Blucher.

Little, M. I. (1992). *Ansiedades psicóticas e prevenção: registro pessoal de uma análise com Winnicott*. Imago.

Loparic, Z. (2001). Esboço do paradigma winnicottiano. *Cadernos de História e Filosofia da Ciência, 11*(2), 7-58.

Mãe, V. H. (2021). *Serei sempre o teu abrigo*. Biblioteca Azul.

Naffah Neto, A. (2011). A função básica da mãe (e do analista) em Bion e Winnicott, com foco nos conceitos de *rêverie* e *holding*. *Revista Brasileira de Psicanálise, 45*(3), 119-131.

Naffah Neto, A. (2017). *Veredas psicanalíticas: à sombra de Winnicott*. Novas Edições Acadêmicas.

Naffah Neto, A. (2019). Em primeira pessoa. *Natureza humana, 21*(2), 211-219.

Naffah Neto, A. (2023). *Veredas psicanalíticas: à sombra de Winnicott* (2ª edição revista e ampliada). Blucher.

Ogden, T. (2020). Psicanálise ontológica ou "O que você quer ser quando crescer?". *Revista Brasileira de Psicanálise, 54*(1), 22-45.

Phillips, A. (2006). *Winnicott*. Ideias & Letras.

Safra, G. (2005a). *A face estética do* self: *teoria e clínica*. Ideias & Letras.

Serralha, C. A. (2009). Winnicott com Gabrielle e seus pais. *Natureza humana, 11*(1), 149-164.

Winnicott, D. W. (1987). *The Piggle: relato do tratamento psicanalítico de uma menina*. Imago. (Texto original publicado em 1977).

Winnicott, D. W. (1990). *Natureza humana*. Imago. (Texto original publicado em 1988).

Winnicott, D. W. (1994). A importância do *setting* no encontro com a regressão na psicanálise. In D. W. Winnicott, *Explorações psicanalíticas*. Artmed. (Trabalho original redigido em 1964).

Winnicott, D. W. (2009). Tipos de caracter: el temerário y el precavido. In D. W. Winnicott, *Exploraciones psicoanalíticas* (vol. 2). Paidós. (Texto original publicado em 1954).

Winnicott, D. W. (2019). *O brincar e a realidade*. Ubu. (Obra original publicada em 1971).

Winnicott, D. W. (2021). A mente e sua relação com o psicossoma. In D. W. Winnicott, *Da pediatria à psicanálise*. Ubu. (Texto original publicado em 1949).

Winnicott, D. W. (2021). Ansiedade associada a insegurança. In D. W. Winnicott, *Da pediatria à psicanálise*. Ubu. (Texto original publicado em 1952).

Winnicott, D. W. (2021). Aspectos clínicos e metapsicológicos da regressão no contexto analítico. In D. W. Winnicott, *Da pediatria à psicanálise*. Ubu. (Texto original publicado em 1954).

Winnicott, D. W. (2021). Desenvolvimento emocional primitivo. In D. W. Winnicott, *Da pediatria à psicanálise*. Ubu. (Texto original publicado em 1945).

Winnicott, D. W. (2021). Formas clínicas da transferência. In D. W. Winnicott, *Da pediatria à psicanálise*. Ubu. (Texto original publicado em 1955-56).

Winnicott, D. W. (2021). O conceito de indivíduo saudável. In D. W. Winnicott, *Tudo começa em casa*. Ubu. (Texto original publicado em 1967).

Winnicott, D. W. (2021). O ódio na contratransferência. In D. W. Winnicott, *Da pediatria à psicanálise*. Ubu. (Texto original publicado em 1947).

Winnicott, D. W. (2021). Vivendo criativamente. In D. W. Winnicott, *Tudo começa em casa*. Ubu. (Texto original publicado em 1966).

Winnicott, D. W. (2021). O valor da depressão. In D. W. Winnicott, *Tudo começa em casa*. Ubu. (Texto original publicado em 1963).

Winnicott, D. W. (2022). Classificação: existe uma contribuição psicanalítica à classificação psiquiátrica? In D. W. Winnicott, *Processos de amadurecimento e ambiente facilitador.* Ubu. (Texto original publicado em 1959-64).

Winnicott, D. W. (2022). A teoria do relacionamento pais-bebê. In D. W. Winnicott, *Processos de amadurecimento e ambiente facilitador.* Ubu. (Texto original publicado em 1960a).

Winnicott, D. W. (2022). Contratransferência. In D. W. Winnicott, *Processos de amadurecimento e ambiente facilitador.* Ubu. (Texto original publicado em 1960b).

Winnicott, D. W. (2022). Os objetivos do tratamento psicanalítico. In D. W. Winnicott, *Processos de amadurecimento e ambiente facilitador.* Ubu. (Texto original publicado em 1962).

Winnicott, D. W. (2022). Comunicação e falta de comunicação levando ao estudo de certos opostos. In D. W. Winnicott, *Processos de amadurecimento e ambiente facilitador.* Ubu. (Texto original publicado em 1963).

Winnicott, D. W. (2023). Aconselhando os pais. In D. W. Winnicott, *Família e desenvolvimento individual.* Ubu. (Trabalho original publicado em 1957).

4. Klein e Winnicott: aproximações e afastamentos na clínica psicanalítica

Existo onde me desconheço
aguardando pelo meu passado
ansiando a esperança do futuro

No mundo que combato
morro
no mundo por que luto
nasço
(Couto, 2016, p. 86)

Neste capítulo, pretendo evidenciar algumas aproximações e afastamentos que existem entre a prática clínica kleiniana e winnicottiana. Sabemos que o exercício da psicanálise está diretamente ligado ao *conjunto teórico* do qual se vale um determinado analista. Sendo assim, podemos dizer que a *postura analítica*, assumida por esse profissional, faz toda diferença quando observamos os fios que cruzam essa costura entre teoria e prática.

No seu livro *Consultas terapêuticas em psiquiatria infantil*, Winnicott menciona algo muito interessante a respeito dessa interlocução teórico-clínica:

> *A única companhia que tenho ao explorar o território desconhecido de um novo caso* é a teoria que levo comigo e que tem se tornado parte de mim *e em relação à qual nem sequer tenho que pensar de maneira deliberada. Trata-se da teoria do desenvolvimento emocional do indivíduo, que inclui, para mim, a história total do relacionamento individual da criança até o seu ambiente específico. É forçoso que ocorram mudanças nas bases teóricas de meu trabalho com o passar do tempo e o acúmulo de experiências. Pode-se comparar minha posição com aquela do violoncelista que primeiro trabalha arduamente a* técnica *e depois consegue tocar a* música, *usando a técnica, certamente. (Winnicott, 1971b/2023, p. 17, grifos meus)*

A analogia usada pelo pediatra britânico, em relação ao violoncelista, é belíssima e faz todo sentido ao nosso "ofício impossível", que consiste em ouvir e acolher as mazelas da alma humana, nas suas mais diversas possibilidades – como bem nos disse Freud.[1] Devo admitir que o que mais me encanta na psicanálise é a possibilidade de *integrar* os nossos estudos à experiência analítica, compondo uma espécie de trama que sustenta os bastidores da nossa escuta. Com o tempo, a teoria incorpora o nosso *fazer*, passando a ocupar um lugar coadjuvante – ainda que imprescindível –, pois cada caso é único e, por essa razão, a nossa disciplina não permite quaisquer generalizações.

Tais hipóteses também sempre estiveram presentes nos ensaios de Melanie Klein. Após desenvolver a sua técnica com crianças, ela fez uma série de progressos tão rápidos que o próprio Freud ficou um pouco atordoado e incrédulo. Robert Caper (1990) nos recorda

---

1 No seu texto "Análise terminável e interminável", de 1937, Freud afirma: "É como se analisar fosse a terceira daquelas profissões 'impossíveis', em que de antemão se sabe que o resultado será insatisfatório. As outras duas, conhecidas há muito mais tempo, são educar e governar" (Freud, 1937/2018, p. 319).

que, recentemente, foram publicadas várias cartas entre Freud e Jones (Steiner, 1985) que revelam o ceticismo inicial de Freud a respeito da originalidade de Klein. Essa situação se complicou ainda mais pelo fato de que, no final da década de 1920, a filha de Freud, Anna, que igualmente havia começado a trabalhar com a análise infantil, declarou sua firme oposição a uma série de opiniões de Klein. Logo, é difícil saber até que ponto a reação de Freud estava ligada a aspectos pessoais, tomando partido de sua filha e motivado intimamente por uma lealdade paterna.

À guisa de exemplo, cito um trecho de uma das cartas de Jones a Freud, mostrando-se impressionado com o talento kleiniano:

> *[...] ela [Klein]* deixou uma impressão extraordinariamente profunda em todos nós e recebeu muitos elogios, *tanto por sua personalidade como por seu trabalho. Eu mesmo apoiei, desde o início, suas opiniões sobre a análise infantil e, embora não tenha uma experiência direta com a análise do brincar, estou inclinado a considerar extremamente importante o desenvolvimento que ela deu a essa técnica. (Steiner, 1985, p. 30, tradução e grifos meus)*

Freud respondeu, com reservas, dizendo: "o trabalho de Melanie Klein levantou muitas dúvidas e controvérsias aqui em Viena. Eu pessoalmente não tenho uma opinião sobre os problemas pedagógicos" (Steiner, 1985, p. 30, tradução minha).

Entretanto, qualquer que possa ter sido a avaliação de Freud sobre a obra de Klein, mais tarde, as investigações da autora sobre o inconsciente das crianças lhe permitiram criar uma teoria coesa e encorpada para a concepção do desenvolvimento emocional e intelectual dos indivíduos. "Como não precisava da especulação quase física que confundiu a obra de Freud, Klein conseguiu demarcar o território que ele havia aberto, sem ter escrúpulos quanto ao *status* científico de sua obra" (Caper, 1990, p. 141).

A Grande Dama da psicanálise penetrou com intensa sensibilidade e exatidão "o coração da criança", como disse Jones (Steiner, 1985), e suas descobertas não apenas confirmaram as suposições básicas de Freud, mas revelaram como elas próprias eram consequências de processos psicológicos mais antigos, datados nos primórdios da vida psíquica. O resultado disso foi o esclarecimento sobre a natureza dos adoecimentos mais profundos. Aqui, recorro às palavras da própria Klein:

> *As perturbações paranoides em adultos baseiam-se, a meu ver, na ansiedade persecutória* experimentada nos primeiros meses de vida. *No paciente paranoide, a essência de seus temores à perseguição está no sentimento de que existe uma instância hostil a lhe infligir sofrimento, danos e, por fim, aniquilação. Essa instância persecutória poderá ser representada por uma ou várias pessoas, ou mesmo pelas forças da natureza. São inúmeras, e* em cada caso específicas, *as formas que o temido ataque pode assumir [...]. (Klein, 1946/1996, p. 54, grifos meus)*

Foi graças a esses pensadores geniais, desbravadores das terras inóspitas do inconsciente, que conseguimos expandir o alcance do nosso trabalho. Diante disso, prefiro pensar em "pontes" ao invés de "abismos". Cada um, a seu jeito, arriscou-se nos impasses do desconhecido, colaborando ativamente para a nossa compreensão das mais variadas formas de sofrimento psíquico.

É seguindo nessa mesma direção que escolhi iniciar este capítulo com trechos do poema "Identidade", de Mia Couto. Somos exatamente tudo aquilo que *desconhecemos* e, na clínica psicanalítica, somos o resultado do encontro com o *imprevisível*.

A seguir, abordo algumas características que tornam as contribuições desses autores *ferramentas singulares* para o nosso ofício.

Considerações gerais sobre a interpretação kleiniana

Em um dos seus textos mais importantes, em que apresenta a noção de "posição depressiva", Klein escreve:

> *Desde a sua criação, a psicanálise sempre deu muita importância às experiências iniciais da criança, mas creio que só ao sabermos mais sobre a natureza e o conteúdo de suas ansiedades arcaicas, e a interação constante entre suas experiências reais e sua vida de fantasia, poderemos compreender totalmente* por que *o fator externo é tão importante. (Klein, 1935/1996, p. 326, grifos da autora)*

A postura kleiniana é compreendida, por muitos analistas, como demasiadamente *autoritária* e *direta*. Mas isso seria realmente verdade?

Hinshelwood afirma que o trabalho de Klein foi "*descartado* por alguns colegas a partir de meados da década de 1920" (2018, p. 136, tradução e grifos meus), e eu me arrisco a dizer que isso ocorre ainda hoje. Como todo grande pesquisador, Melanie Klein tinha uma tese a provar e, por esse motivo, ela se ateve aos *pequenos detalhes* (o microprocesso) do material clínico. Esse aspecto "permaneceu uma dimensão proeminente da escrita kleiniana até os dias atuais" (Hinshelwood, 2018, p. 136, tradução e grifos meus).

Ora, não precisamos de muito esforço para entender a origem do "desprezo", por grande parte da comunidade psicanalítica, em relação às ideias kleinianas. Nesse ponto, é preciso considerar a misoginia, o preconceito e a resistência tão presentes em nosso campo, e o quanto tudo isso interfere diretamente na aceitação dos trabalhos de um autor.

Conforme mencionado em outra parte deste livro, Klein era uma mulher *divorciada* e *sem formação acadêmica* – diferentemente dos demais analistas que, comumente, eram graduados em medicina. Nesse sentido, é bem provável que a sua *postura rígida* possa ter sido edificada justamente como um mecanismo de defesa em relação a esse lugar (ou seria mais correto dizer ausência de lugar?). Isto é, caso Klein não fosse tão assertiva em seus apontamentos, as suas teorias correriam o risco de serem esquecidas com o passar do tempo.

A partir da observação do brincar, identificando as narrativas ali presentes, Klein notou que elas continham indicadores daquilo que seria o *núcleo* da dor emocional. Desse modo, ela se atentava a qualquer alteração do nível de ansiedade por parte do analisando, ou seja, se a ansiedade diminuísse após uma interpretação, Klein sustentava que essa *transformação* seria uma evidência de sucesso no tratamento.

Em contrapartida, embora a interpretação seja a "pedra angular" que consolida o trabalho analítico na linhagem kleiniana, não podemos confundi-la com ausência de sensibilidade, como nos alerta Hinshelwood:

> *Primeiro, ela estava interessada no que parecia perturbador para as pessoas (na verdade, crianças) que ela via. E então, quando ela conduziu análises terapêuticas, ela se interessou pelo impacto real das interpretações. Era muito importante, para ela, que uma interpretação parecesse correta* para o paciente, *em vez de simplesmente parecer correta para o analista. (Hinshelwood, 2018, p. 136, grifos do autor e tradução minha)*

De acordo com o autor, o maior objetivo de Klein era que a interpretação parecesse correta *para o paciente.* Ela, inclusive, se preocupava em descrever que, a depender das defesas envolvidas no processo analítico, alguns analisandos poderiam *não entender o sentido das interpretações*. Isso acontecia porque partes da personalidade estariam "escindidas" (clivadas e projetadas para fora). Segundo Klein,

> *[...] Pacientes com traços esquizoides podem dizer: "Eu estou ouvindo o que diz. Talvez tenha razão, mas não faz nenhum sentido para mim". Ou dizem ainda que sentem como se não estivessem presentes ali. Em tais casos, a expressão "não faz sentido"* não implica uma rejeição ativa da interpretação, mas sugere que partes da personalidade e das emoções estão escindidas. *Assim sendo, esses pacientes não sabem o que fazer com a interpretação; eles não podem nem aceitá-la nem rejeitá-la. (Klein, 1946/1996, pp. 37-38, grifos meus)*

Frente a isso, é incoerente afirmar que a nossa autora *não tinha empatia* ao realizar uma determinada interpretação.

Ainda sobre esse assunto, Jacques Lacan (1901-1981), em um determinado momento da sua obra, disse que Melanie Klein "enfiava símbolos goela abaixo" de Dick – o caso do pequeno menino diagnosticado como autista, abordado no Capítulo 2 deste livro. Em sua obra *O Seminário, livro 1: Os escritos técnicos de Freud*, Lacan menciona:

> *Melanie Klein enfia o simbolismo, com a maior brutalidade, no pequeno Dick. Ela começa jogando imediatamente em cima dele as interpretações maiores. Ela o joga numa verbalização brutal do mito edípico quase tão revoltante para nós quanto para qualquer leitor* – Você é o trenzinho, você quer foder a sua mãe. *(Lacan, 1979/1953-54, pp. 83-84, grifos do autor)*

Ao me deparar com esse trecho, penso em duas hipóteses: ou Lacan não entendeu a intenção de Klein, ou ele leu esse texto *muito mal* – até porque Dick estava lidando com a *intensidade* dos seus impulsos destrutivos, e não com conflitos edipianos, como sugeriu o psicanalista francês. Além disso, fica evidente o seu tom pejorativo quando se refere à técnica kleiniana.

Infelizmente, essa concepção de Lacan se alastrou no nosso meio, pois em diversos núcleos psicanalíticos ler Melanie Klein ainda representa uma *transgressão* dos princípios freudianos. Contudo, parece que o próprio Lacan se retratou. No parágrafo seguinte desse mesmo seminário, ele tece uma espécie de *reparação*: "Esse modo de fazer se presta evidentemente a discussões teóricas – que não podem ser dissociadas do diagnóstico do caso. Mas é certo que depois dessa intervenção alguma coisa se produz. *Tudo está aí*" (Lacan, 1979/1953-54, p. 84, grifos meus).

Lembremos que Dick era uma criança inibida, incapaz de *sentir* emoções como raiva, medo ou angústia. Logo, a sua capacidade de simbolização era extremamente precária. É verdade que Klein utilizava a interpretação, valendo-se do material psíquico que surgia no *aqui* e *agora*, mas isso não quer dizer que essa técnica não pudesse ser alterada, principalmente quando o paciente necessitava de um *manejo* analítico diferenciado – embora a psicanalista não usasse o termo "manejo".

Isto é: por mais que a nossa autora priorizasse o "aqui e o agora" do encontro analítico, ela não deixou de destacar a importância da *continuidade* da narrativa do paciente, especialmente quando ocorriam dificuldades no processo de simbolização. É nessa direção que Klein afirma: "[...] Via de regra, o analista basearia sua primeira interpretação em material novo surgido na sessão; mas se a ansiedade é tão aguda a ponto de o paciente não poder expressá-la, é necessária uma interpretação *referente ao material da sessão (ou sessões) anterior*" (Klein, 1961/1994, p. 42, grifos meus).

Sendo assim, podemos afirmar que, apesar da sua postura analítica demonstrar certa rigidez, sua grande preocupação consistia em elaborar a melhor interpretação/intervenção para cada caso.

De acordo com Figueiredo:

> *Colocar em palavras é uma atividade do ego, que se enriquece e adquire maiores poderes de reflexão, favorece a ampliação da rede associativa e do poder sintético do sujeito, dando relevo ao que é falado e narrado, e, principalmente, impõe-lhe uma quebra de onipotência. [...] Entretanto, é preciso que as palavras sejam justas e precisas. (Figueiredo, 2006, p. 134)*

Sintetizando: é possível pensar que a técnica kleiniana visava à criação de símbolos que, quando introjetados, resultavam no alívio da ansiedade. Ela considerava que o desenvolvimento prematuro do ego acarretava um sentimento de "empatia" precoce, em decorrência do uso excessivo das identificações projetivas por parte da criança. Esse fenômeno poderia justificar a causa da *inibição* dos impulsos agressivos. Ao passo que a ansiedade diminuía, os seus pequenos pacientes – como Dick e Richard, por exemplo – conseguiam deixar aparecer na relação analítica o seu sadismo e, progressivamente, conseguiam estender o seu interesse a novos objetos.

Fazendo uso das interpretações, Klein possibilitava o *surgimento* e, em seguida, a *diminuição* da ansiedade que, por sua vez, tornava-se mais aceitável ao ego. Dito de outro modo: a ansiedade só podia ser resolvida depois que ela surgisse. Portanto, Klein deu ênfase à investigação das camadas mais profundas da psique, debruçando-se sobre a compreensão dos mecanismos de projeção e introjeção, e suas respectivas consequências no ego arcaico do bebê (Klein, 1946).

O foco do trabalho kleiniano se desenvolveu como uma constante tentativa de *diminuição da ansiedade*, movida por conflitos intrapsíquicos e, também, intersubjetivos. Para essa linhagem psicanalítica, a interpretação é a "ferramenta mor" que possibilita o acesso ao *mundo interno* de cada analisando. A depender do estabelecimento da transferência, é como se o paciente oferecesse sua mão ao analista, permitindo-o entrar em seu mundo interno e "vasculhar", junto a ele, os objetos que lhe causam terror e ansiedade.

Em uma nota de rodapé do livro *A psicanálise de crianças* (1932/1997), Klein destaca que: "[...] a interpretação tem o efeito de mudar o caráter do brincar da criança e de possibilitar que a representação do seu material se torne mais clara" (p. 47). Vejamos:

> *Após o término da sua análise a criança não pode alterar as circunstâncias de sua vida do mesmo modo que um adulto frequentemente pode. Mas a análise a terá ajudado muitíssimo se a tiver capacitado a* se desenvolver mais livremente *e a se sentir melhor no seu próprio ambiente. Além disso, a remoção da neurose da criança frequentemente tem o efeito de minimizar as dificuldades do seu meio. (Klein, 1932/1997, p. 32, grifos meus)*

Embora os escritos da autora despertem nos leitores algum tipo de incômodo – principalmente quando analisamos, de maneira crítica, o uso das suas interpretações mais viscerais –, ela nunca deixou de evidenciar os seus pressupostos epistemológicos, recorrendo às inúmeras descrições de casos clínicos. O texto de Klein se apresenta, assim, como um *material vivo*, que pulsa em nosso interior e promove diversas inquietações.

A seguir, faço algumas considerações sobre a técnica interpretativa de Winnicott, destacando o papel do manejo (*management*), defendido por ele como um recurso essencial à clínica.

A importância do manejo na clínica winnicottiana

Em um ensaio chamado "Formas clínicas da transferência", publicado no livro *Da pediatria à psicanálise*, Winnicott afirma:

> *No trabalho que estou descrevendo,* o setting torna-se mais importante que a interpretação. *A ênfase é transferida de um aspecto para o outro. O comportamento do analista, representado pelo que chamei de* setting, *por ser suficientemente bom em matéria de adaptação à necessidade é, aos poucos, percebido pelo paciente como algo que suscita a esperança de que o verdadeiro* self *poderá finalmente correr os riscos implícitos em começar a experimentar viver. (Winnicott, 1955-56/2021, p. 489, grifos meus)*

Resolvi iniciar esse item com essa citação, pois ela abrange, a meu ver, uma das maiores contribuições de Winnicott à psicanálise: a criação de um manejo clínico diferenciado, dependendo da *necessidade* de cada paciente. Diferentemente das teses kleinianas, a linhagem winnicottiana preza, em um primeiro plano, por um ambiente (*setting*) que seja *suficientemente bom*, em termos de previsibilidade e confiabilidade. É a partir dessa segurança que o analisando consegue relaxar, criando (e habitando) o seu "espaço potencial" – onde a brincadeira torna-se possível e a *criatividade* se expande para as mais variadas elaborações. Vejamos:

> *Esse espaço potencial varia bastante de acordo com as experiências de vida do bebê em relação à mãe, ou à figura materna, e contrasto-o com: a) o mundo interno (que se relaciona com a parceria psicossomática) e b) com a realidade concreta, ou externa (que tem suas próprias dimensões e pode ser avaliada objetivamente, e que permanece*

> *constante, embora pareça variar segundo o estado do indivíduo que a observa). (Winnicott, 1971/2019, p. 74)*

Em síntese: "O brincar, na realidade, se baseia na *precariedade do interjogo entre a realidade psíquica pessoal e a experiência de controle de objetos reais.* Essa é a precariedade da própria magia, a magia advinda da intimidade, de um relacionamento que mostra ser confiável" (Winnicott, 1971/2019, p. 83, grifos meus). Logo, esse estado de calmaria que o bebê sente, ao receber os cuidados ambientais, lhe assegura uma sensação de confiança para *transitar* entre a sua realidade subjetiva (pessoal) e a realidade objetiva (compartilhada). Winnicott nomeou esse fenômeno de "área transicional" (ou terceira área). Cito-o:

> *Essa terceira área foi comparada com a realidade psíquica interna, ou pessoal, e com o mundo concreto em que o indivíduo vive e que pode ser objetivamente percebido. Localizei essa importante área de experiência no* espaço potencial *entre o indivíduo e o ambiente, que inicialmente une e separa o bebê e a mãe, quando o amor materno – que se manifesta como confiabilidade humana – dá ao bebê um* senso de confiança ou de segurança *no fator ambiental. (Winnicott, 1971a/2019, p. 166, grifos meus)*

Pois bem, para Winnicott, o trabalho analítico se desenvolve fundamentalmente nessa terceira área, em que a capacidade de *criar* é acentuada. Seguindo nessa esteira, o autor britânico salienta que: "Desde o início, o bebê tem as experiências mais intensas no espaço potencial entre o objeto subjetivo e o objeto objetivamente percebido, entre as extensões do eu e do não eu" (Winnicott, 1971/2019, p. 162). Portanto,

> *É apenas aqui, nesse* estado não integrado *de personalidade, que pode aparecer aquilo que descrevemos como*

> *criativo. [...] Experienciamos a vida na área dos fenômenos transicionais,* em que a subjetividade e a observação objetiva se entrelaçam, *e na área intermediária entre a realidade interna do indivíduo e a realidade compartilhada do mundo, que é externo aos indivíduos. (Winnicott, 1971/2019, p. 107, grifos meus)*

O leitor, neste ponto dos seus estudos, pode se questionar: tal descrição representa, então, uma alteração da técnica psicanalítica padrão?

É o próprio Winnicott quem irá responder: "Sempre me adapto um pouco às expectativas do indivíduo, de início. Seria desumano não fazê-lo. Ainda assim, estou o tempo todo fazendo manobras para chegar a uma análise-padrão" (Winnicott, 1962/2022, p. 213, grifos meus).

Como exposto no terceiro capítulo deste livro, Winnicott criou uma teoria do desenvolvimento emocional na qual enfatiza a *importância* de o bebê ter suas necessidades *suficientemente* acolhidas, permitindo-lhe permanecer, nos primeiros momentos de vida, em sua "ilusão de onipotência".

Segundo a teoria winnicottiana, é somente por meio da *criação* daquilo que está lá para ser encontrado – isto é, do *objeto subjetivamente percebido,* criado e achado pelo bebê em sua ilusão de onipotência – que o indivíduo sentirá que pode *confiar* no seu novo ambiente. Essa é uma das condições necessárias para um amadurecimento saudável – e criativo. Nas palavras do autor:

> *No desenvolvimento inicial do ser humano, o ambiente que se comporta bem o suficiente (que realiza uma adaptação suficientemente boa) permite que o crescimento pessoal ocorra. Os processos do* self *podem, assim, permanecer ativos, numa linha ininterrupta de crescimento vivo. Se o ambiente não se comporta bem o suficiente, o indivíduo*

> *ocupa-se de* reagir *à intrusão, e os processos do* self *são interrompidos. Se esse estado de coisas atinge um certo limite quantitativo,* o núcleo do *self* passa a ser protegido. *(Winnicott, 1954/2021, p. 482, grifos meus)*

Para Winnicott, se precisarmos nos *proteger* da experiência de viver, em decorrência de um ambiente insatisfatório, em termos de facilitação do amadurecimento saudável do ego, o núcleo do *self* (isto é, o "*self* verdadeiro") não amadurecerá – ficando congelado à espera de um ambiente favorável que lhe permita "vir a ser". Com efeito, em situações nas quais as falhas ambientais são frequentes, fortalece-se a *rigidez* das defesas do *self*, ou seja, o falso *self* que se forma com o intuito de proteger o *self* verdadeiro de novas intrusões. Segundo Winnicott:

> *Esse falso* self *é sem dúvida um aspecto do verdadeiro* self. *Ele o oculta e o protege e reage às falhas da adaptação, desenvolvendo um padrão que corresponde ao padrão das falhas do ambiente. Desse modo, o verdadeiro* self *não toma parte nas reações, preservando assim a continuidade do ser. No entanto, esse verdadeiro* self *oculto é* empobrecido pela falta de experiências. *(Winnicott, 1955-56/2021, p. 488, grifos meus)*

Não é raro recebermos na clínica indivíduos que se mostram *adaptados* ao tratamento. Entretanto, à medida que conseguem *relaxar*, na presença cuidadosa do analista, *regridem* aos estágios primitivos do desenvolvimento que, devido a algum descuido do ambiente primário, não puderam ser *experienciados* pelo *self* através da "elaboração imaginativa das funções corporais".

De maneira geral, se o ambiente for demasiadamente inadequado, o bebê, com o intuito de proteger o seu verdadeiro *self*, terá de dedicar mais tempo para *reagir* às novas ameaças potenciais, e, neste sentido, a sua experiência de *ser* será afetada negativamente.

Assim, ao refletirmos sobre indivíduos que enfrentaram traumas nos estágios iniciais da vida, cujas experiências permaneceram congeladas e não puderam ser adequadamente *experienciadas* e, consecutivamente, apropriadas, nos deparamos com uma *limitação* significativa de material psíquico acessível para análise e interpretação – esse é o motivo pelo qual Winnicott defende a ideia de manejo (*management*) da situação analítica.

Embora essa observação possa parecer extremista, é importante destacar que, segundo a perspectiva de Winnicott, um indivíduo que não experimentou um processo de integração saudável, construído de dentro para fora, não possui um ego suficientemente estruturado para reprimir conteúdos inconscientes. Estamos falando de uma estrutura psíquica fragilizada, obrigada a se *adaptar* ao ambiente como um modo de sobrevivência.

Winnicott concentrou seus estudos na progressão do desenvolvimento humano, partindo de um estado inicial de imaturidade e total dependência do ambiente – uma fase de não integração. Ele descreveu como, ao longo da nossa trajetória existencial, ocorrem diversas integrações. Essas etapas culminam na distinção entre o mundo interno e o externo, na conquista de uma unidade individual e na diferenciação entre o "eu" e o "não-eu". Para ele, o estágio inicial da vida é um período extremamente delicado, pois o bebê precisará de todos os cuidados da mãe para poder *vir a ser*. Cito o autor:

> *Gostaria de postular um estado de ser que é um fato no bebê normal, antes do nascimento e logo depois. Esse estado de ser pertence ao bebê, e não ao observador.* A continuidade do ser significa saúde. *Se tomarmos como analogia uma bolha, podemos dizer que, quando a pressão externa está adaptada à pressão interna, a bolha pode seguir existindo. Se estivéssemos falando de um bebê humano, diríamos "sendo". Se, por outro lado, a pressão no exterior da bolha*

> *for maior ou menor do que aquela em seu interior, a bolha passará a reagir à intrusão. Ela se modifica como reação a uma mudança no ambiente, e não a partir de um impulso próprio. Em termos do animal humano, isto significa uma interrupção no ser, e o lugar do ser é* substituído *pela reação à intrusão. (Winnicott, 1988/1990, p. 148, grifos meus)*

Por outro lado, em contextos menos favoráveis, o padrão de relacionamento acontece por intermédio do ambiente e *não* do sujeito – como evidenciado, adiante, na Figura 4.1. Esse fenômeno pode ser entendido como uma *intrusão*. Dito de outra forma: o bebê terá que reagir à intrusão ambiental, que é sempre traumática, por não ter relação alguma com o seu *gesto espontâneo*. Dependendo da proporção em que esse movimento se repete, configura-se outro modelo de relacionamento, com um resultado muito diferente daquele conquistado por uma adaptação *ativa* e *devotada* do meio cuidador.

Figura 4.1 Figura feita por Winnicott, em seu livro *Natureza Humana* (p. 184, 1988/2024).

Em situações como essas, a atenção principal do psicanalista consiste na "elaboração imaginativa das funções corporais" do paciente – que viabilizará os "contornos" necessários ao verdadeiro *self*, protegido por trás dessa "casca rígida" (como resultado de uma total adaptação ao ambiente). Esse contorno – feito através do *holding* e do *handling* – é possibilitado por um manejo cuidadoso e sensível que, a depender do estado de integração do paciente, poderá representar ora o papel da "mãe ambiente", ora a função da "mãe objeto". Acompanhemos o autor inglês:

> *É proveitoso pressupor a existência, para o bebê imaturo, de duas mães – deveria eu chamá-las de mãe-objeto e mãe--ambiente? Não tenho intenção alguma de inventar nomes que acabem virando empecilhos, obstruindo e enrijecendo a questão, mas é perfeitamente possível utilizar esses termos aqui para descrever a enorme diferença que existe, para o bebê, entre dois aspectos dos cuidados do bebê: a mãe como objeto, ou dona do objeto parcial* que satisfará as necessidades urgentes do bebê, *e a mãe como pessoa* que o defende do imprevisível e que ativamente cuida dele, no que se refere ao manuseio e ao manejo de modo geral. *(Winnicott, 1963a/2022, p. 94)*

Em síntese: "a mãe-ambiente é quem recebe tudo que pode ser chamado de afeição e coexistência sensual, e a mãe-objeto é quem se torna o alvo da experiência de excitação, escorada na tensão crua do instinto" (Winnicott, 1963/2022, p. 95). Winnicott explica que é justamente no estágio do "uso do objeto" que o bebê reúne a figura da mãe-ambiente e da mãe-objeto. Para que essa tarefa, tão complexa, seja bem-sucedida nesse estágio do desenvolvimento, a *sobrevivência* da mãe (figura materna) é essencial.

Mais adiante, no estágio da concernência (*stage of concern*), o bebê experiencia o que Winnicott chamou de "ciclo benigno" – viabilizando a conquista da capacidade de reparação; isto é, o sentimento de culpa *legítimo*, indispensável para a construção gradual da consideração pelo outro, como um ser semelhante.

Pois bem, antes de alcançar o estágio do uso do objeto, o infante ainda não é capaz de *integrar* essas funções maternas e estados de ser em sua psique ainda em desenvolvimento. De forma similar, no que tange à prática clínica, essa distinção é de vital importância no tratamento de pacientes desintegrados ou que, por alguma razão, não progrediram ao estágio do uso do objeto e ao estágio posterior a este:

o estágio da consideração. Nessas circunstâncias, a *sobrevivência* do analista é fundamental. Cito Winnicott:

> *Os impulsos instintivos levam ao uso impiedoso dos objetos, e daí a um sentimento de culpa que é retido e mitigado pela contribuição à mãe-ambiente que o bebê pode fazer no decurso de algumas horas. Além disso, a oportunidade para doar e fazer reparação – que a mãe ambiente oferece por sua* presença consistente *– permite que o bebê se torne cada vez mais ousado ao* experimentar seus impulsos instintivos*; ou, dito de outro modo, libera a vida instintiva do bebê. Assim a culpa não é sentida, mas permanece dormente, ou em potencial, e aparece (como tristeza ou estado de ânimo deprimido) somente se não surge oportunidade de reparação. Quando se estabelece a confiança nesse ciclo benigno e na expectativa da oportunidade, o sentimento de culpa relacionado com os impulsos do id sofre nova modificação; precisamos então de um termo mais positivo, tal como "consideração"* [concern]*. (Winnicott, 1963/2022, p. 96, grifos e colchetes meus)*

Diante desses cenários, não faria sentido algum pensar na interpretação como a única forma de intervenção psicanalítica. A sobrevivência, no *setting* analítico, implica sustentação e presença para que o ciclo benigno possa ocorrer, na companhia contínua e segura do analista. Nesse sentido, desmarcar as sessões com frequência, atrasar nos atendimentos ou até mesmo realizar uma interpretação assertiva são exemplos de atitudes que podem influenciar negativamente o progresso de um caso com essas características. Afinal, uma "criança desamparada", que busca ajuda de um analista e regride aos estágios mais primitivos do amadurecimento, passa a viver – talvez pela primeira vez – uma total *dependência* dos cuidados ambientais. Se tudo correr bem, o analista ocupará o lugar da própria "mãe suficientemente boa", sabendo sair de cena quando o indivíduo atingir sua maturidade emocional.

Aproximações e afastamentos

A obra de Winnicott nos mostra, de maneira geral, a importância do manejo ao longo da vida, e não apenas no âmbito terapêutico. É pela via desse cuidado essencial que o indivíduo, quando bem sustentado (*holding*) e manuseado (*handling*), conseguirá conquistar a "integração do ego" (integrar o tempo e o espaço), a "personalização" (alocar a psique no soma) e, finalmente, alcançar a "realização" (sentir-se realizado pela experiência de viver).

Na prática clínica winnicottiana, a depender do caso, deve ocorrer uma sequência de eventos:

> – *Provisão de um* setting *que proporcione confiança.*
> – *Regressão do paciente à dependência, com a devida consciência dos riscos envolvidos.*
> – *O paciente tem a noção de um novo senso de si e o* self *até aqui oculto rende-se ao ego total. Nova progressão do processo individual que estava paralisado.*
> – *Descongelamento de uma situação de falha do ambiente.*
> – *A partir da nova posição de força do ego, raiva relativa à falha inicial, sentida no presente e expressada.*
> – *Saída da regressão à dependência, em progressão organizada em direção à independência.*
> – *Desejos e necessidades instintivos tornam-se realizáveis de modo genuinamente vigoroso e vivaz. (Winnicott 1954/2021, p. 475)*

Eis aqui uma das principais diferenças entre a clínica winnicottiana e a clínica kleiniana: a ideia de "regressão". Para Klein, não faz sentido um paciente regredir, pois ele estaria retornando à *posição esquizoparanoide*, que, para ela, representa um estágio ainda mais acentuado do sofrimento psíquico – conforme notamos nas descrições do caso Richard.

Lembremos que uma das maiores conquistas do tratamento kleiniano é a elaboração da "posição depressiva", que capacita o indivíduo a se responsabilizar pelas suas atitudes, lidando com a ambivalência. Para Winnicott, isso é igualmente importante; no entanto, como vimos, há uma série de conquistas que precisam ser *experienciadas* pelo bebê, antes que ele seja capaz de se sentir *concernido* pelo dano que, inevitavelmente, pode gerar ao objeto.

Assim, experiências precoces vividas antes da integração de certas funções do ego – como observado no caso Piggle – podem ser percebidas pelo indivíduo como profundamente prejudiciais à sua constituição.

Não à toa, o pediatra e psicanalista inglês destaca:

> *– A doença psicótica está relacionada a uma falha ambiental num estágio primitivo do desenvolvimento emocional do indivíduo. A sensação de inutilidade e irrealidade deriva do desenvolvimento de um falso* self *que surge como proteção ao verdadeiro* self*.*
> *– O* setting *analítico reproduz as técnicas de maternagem da primeira e primeiríssima infância. O convite à regressão resulta de sua confiabilidade.*
> *– A regressão de um paciente é um retorno organizado à dependência inicial ou à dupla dependência. O paciente e o contexto fundem-se um ao outro para criar a situação bem-sucedida original do narcisismo primário. O progresso a partir do narcisismo primário tem novo início, com o verdadeiro* self *agora capaz de enfrentar as falhas do ambiente sem a organização de defesas que envolvam a proteção do verdadeiro self por um falso* self*.*

> *– Nesta medida, a doença psicótica pode ser tratada apenas por uma provisão ambiental especializada acoplada à regressão do paciente.*
> *– O progresso a partir dessa nova posição, com o verdadeiro self entregue ao ego total, pode agora ser estudado em termos dos complexos processos do crescimento individual. (Winnicott, 1954/2021, pp. 474-475)*

Essa citação de Winnicott sintetiza os *objetivos* do trabalho analítico – a depender do grau de integração do ego –, bem como aponta a importância da regressão no tratamento de pacientes gravemente traumatizados. Aqui, há outra característica que distingue a técnica desses dois autores, pois Klein não trabalhava com a concepção de trauma. Ela enfatizava o papel da força instintual na etiologia dos adoecimentos, sobretudo do instinto de morte. Vejamos:

> *A força do ego – refletindo o estado de fusão entre os dois instintos – é, creio,* constitucionalmente determinada. *Quando, na fusão, predomina o instinto de vida – o que faz supor uma ascendência da capacidade de amar –, o ego é relativamente forte e mais capaz de suportar a ansiedade suscitada pelo instinto de morte e de contrabalançá-la.*
> *À medida que a força do ego pode ser mantida e incrementada é, em parte, afetada por* fatores externos, *especialmente a atitude da mãe em relação ao bebê. No entanto, mesmo quando predominam o instinto de vida e a capacidade de amar,* impulsos destrutivos continuam a ser defletidos para o exterior *e contribuem para a criação de objetos persecutórios e perigosos, que são reintrojetados. Além disso, os processos primários de introjeção e projeção levam a constantes mudanças na relação do ego com seus objetos, com flutuações entre objetos internos e externos,*

> *bons e maus, segundo as fantasias e emoções do bebê, e segundo o impacto de suas* experiências reais. *(Klein, 1958/1996, p. 273, grifos meus)*

Partindo desse trecho, podemos tecer importantes considerações que, para facilitar o entendimento dos leitores, prefiro enumerar:

1) Winnicott não trabalhava com o conceito de instinto de morte, tampouco acreditava na presença de um ego arcaico, capaz de projetar e introjetar desde o nascimento. Isso, por si só, já altera toda a sua compreensão das psicopatologias e, por conseguinte, das intervenções clínicas;

2) Por mais que Klein trabalhasse com a dualidade instintual, ela não desprezava, em hipótese alguma, o papel do ambiente. Contudo, sua visão acerca das fantasias primitivas modifica completamente a sua postura analítica. O objetivo da análise kleiniana, portanto, é possibilitar a introjeção do bom objeto e mitigar a intensidade do instinto destrutivo, por meio das interpretações do conteúdo inconsciente.

Em contrapartida, Winnicott é contundente ao alegar que:

> Psicoterapia não é fazer interpretações perspicazes e apropriadas; *em grande medida, é devolver constantemente ao paciente aquilo que ele mesmo traz. Trata-se de uma complexa derivação do rosto que reflete o que está lá para ser visto. Gosto de pensar dessa maneira sobre meu trabalho e que, se eu o fizer bem o bastante, o paciente encontrará o próprio* self *e será capaz de existir e de se sentir real. Sentir-se real é mais do que existir; é encontrar um modo de viver como si mesmo, de se relacionar com objetos como si mesmo e de ter um* self *para onde fugir em busca de relaxamento. (Winnicott, 1971/2019, p. 187, grifos meus)*

Com a finalidade de propor um estudo comparativo desses dois grandes autores, Leopoldo Fulgencio (2022) afirma que, para Winnicott,

> *[...] a solução de Klein (para a compreensão da destrutividade e/ou agressividade, e do surgimento do sentimento de inveja) não leva em consideração a* qualidade *do comportamento do ambiente (o seio ou a mãe-ambiente) em relação ao bebê, crítica que também teria validade para a compreensão da relação paciente-analista, constituindo um tipo de denegação da importância e da qualidade específica dos cuidados ambientais. No seu ponto de vista, foi justamente essa* denegação implícita do fator ambiental *e da questão da dependência que levou Klein, prematuramente, a supor fatores constitucionais para explicar a origem da inveja e da destrutividade humana. (Fulgencio, 2022, p. 63, grifos do autor)*

Além disso, Fulgencio indica que Klein, ao formular as suas teses, estaria descrevendo o que ela havia apreendido em seu trabalho clínico, junto ao que ela *supõe*, de forma especulativa. Winnicott, por outro lado, rejeita essas especulações e propõe uma explicação dos momentos iniciais da vida, valendo-se da sua experiência médica ao assinalar os modos de comportamento do ambiente no cuidado com o bebê (Fulgencio, 2022).

Discordo de Fulgencio (2022) sobre a afirmação de que Klein *denegou* a importância do fator ambiental. Ora, como pudemos notar ao longo da minha pesquisa, em diversos momentos da sua obra, a autora destaca o peso do ambiente atrelado ao fator constitutivo.

O que percebo, atualmente, em nossa disciplina, é a valorização de um determinado pensador em detrimento de outro. Para mim, não existe teoria melhor ou pior no que concerne à prática da psicanálise, muito embora alguns psicanalistas se identifiquem mais com uma ou com outra, o que os leva, geralmente, a uma escolha ou à opção de misturá-las, sob a forma de um ecletismo teórico.

A clínica é única e sempre soberana, tal como a subjetividade dos nossos pacientes, o que não significa que toda clínica não tenha, sempre por detrás, uma teoria – conforme já salientei.

Ao propor uma pesquisa comparativa, o meu objetivo foi o de traçar as linhas que bordejam as *ressonâncias* e as *dissonâncias* existentes no legado desses dois autores clássicos – indispensáveis para a compreensão da alma humana –, sem desmerecer um e idealizar outro. Essa atitude, baseada na *idealização*, dissolve o rigor de toda e qualquer investigação epistemológica, transformando o universo acadêmico em nada mais do que um mero espaço para a validação das nossas vaidades pessoais.

Devemos ir além disso e ultrapassar essas barreiras que ainda se mostram intransponíveis. Para tanto, não precisamos recorrer a generalizações e/ou reducionismos. Paradoxalmente, é o reconhecimento da diferença que fundamenta a potência da diversidade.

Nesse sentido, finalizo este capítulo com uma bela expressão de João Guimarães Rosa, que, a meu ver, sintetiza o nosso ser e fazer psicanalítico:

> *Viver é um descuido prosseguido. Mas quem é que sabe como? Viver... o senhor já sabe: viver é etcétera... (Rosa, 2019, n.p.)*

Referências

Abram, J. & Hinshelwood, R. D. (2018). *The clinical paradigms of Melanie Klein and Donald Winnicott: comparisons and dialogues.* Routledge.

Caper, R. (1990). *Fatos imateriais: a descoberta de Freud da realidade psíquica e o desenvolvimento kleiniano do trabalho de Freud.* Imago.

Couto, M. (2016). *Poemas escolhidos.* Companhia das Letras.

Figueiredo, L. C. (2006). A clínica psicanalítica a partir de Melanie Klein. O que isto pode significar? *Jornal de Psicanálise, 39*(71), 125-150.

Freud, S. (2018). Análise terminável e interminável. In S. Freud, *Obras completas* (vol. 19). Companhia das Letras. (Texto original publicado em 1937).

Fulgencio, L. (2022). *Winnicott & companhia: Winnicott, Klein e Ferenczi (vol. 2).* Blucher.

Hinshelwood, R. D. (2018). Whose reality? Whose experience? In J. Abram & R. D. Hinshelwood, *The clinical paradigms of Melanie Klein and Donald Winnicott: comparisons and dialogues.* Routledge.

Jaques, E. (1994). Prólogo. In M. Klein, *Narrativa da análise de uma criança.* Imago. (Texto original publicado em 1961).

Klein, M. (1996). Notas sobre alguns mecanismos esquizoides. In M. Klein. *Inveja e gratidão e outros trabalhos (1946-1963).* Imago. (Texto original publicado em 1946).

Klein, M. (1996). Sobre o desenvolvimento do funcionamento mental. In M. Klein, *Inveja e gratidão e outros trabalhos (1946-1963).* Imago. (Texto original publicado em 1958).

Klein, M. (1996). Uma contribuição à psicogênese dos estados maníaco-depressivos. In M. Klein, *Amor, culpa e reparação e outros trabalhos (1921-1945).* Imago. (Texto original publicado em 1935).

Klein, M. (1997). *A psicanálise de crianças.* Imago.

Lacan, J. (1979). *O Seminário, livro 1: Os escritos técnicos de Freud.* Zahar. (Texto original publicado em 1953-54).

Rosa, J. G. (2019). *Grande sertão: veredas.* Companhia das Letras. (*E-book*).

Steiner, R. (1985). Some thoughts about tradition and change arising from an examination of the British Psycho-analytical Society's

"Controversial Discussions" (1943-44). *International Review of Psychoanalysis, 12*, 27-71.

Winnicott, D. W. (1990). *Natureza humana.* Imago. (Texto original publicado em 1988).

Winnicott, D. W. (2019). *O brincar e a realidade.* Ubu.

Winnicott, D. W. (2021). Aspectos clínicos e metapsicológicos da regressão no contexto analítico. In D. W. Winnicott, *Da pediatria à psicanálise*. Ubu. (Texto original publicado em 1954).

Winnicott, D. W. (2021). Formas clínicas da transferência. In D. W. Winnicott, *Da pediatria à psicanálise.* Ubu. (Texto original publicado em 1955-56).

Winnicott, D. W. (2022). O desenvolvimento da capacidade para a consideração. In D. W. Winnicott, *Processos de amadurecimento e ambiente facilitador.* Ubu. (Texto original publicado em 1963).

Winnicott, D. W. (2022). Os objetivos do tratamento psicanalítico. In D. W. Winnicott, *Processos de amadurecimento e ambiente facilitador.* Ubu. (Texto original publicado em 1962).

Winnicott, D. W. (2023). *Consultas terapêuticas em psiquiatria infantil.* Ubu.

Considerações finais

> *Como argumentou Robert Wallerstein (1988), quando presidente da IPA*, a teoria clínica é onde concordamos – é a metapsicologia que nos divide como psicanalistas. *Mas pode haver diferenças significativas na prática clínica entre Klein e Winnicott, mesmo que suas teorias não sejam muito diferentes.*
>
> (Hinshelwood, 2018, p. 136, tradução e grifos meus)

Ao longo desta pesquisa, mergulhei em dois universos complexos e singulares. Tal processo, sem dúvida, ampliou minha compreensão sobre a teoria desses importantes autores da psicanálise clássica. Concordo com Wallerstein, citado por Hinshelwood (2018), quando ele afirma que "a teoria clínica é onde concordamos – é a metapsicologia que nos divide como psicanalistas", pois o nosso principal objetivo é (ou deveria ser) *sempre* o paciente que, na maioria das vezes, não está interessado em saber por qual linhagem psicanalítica nos guiamos, mas espera que possamos ajudá-lo de alguma maneira.

No entanto, é igualmente importante afirmar que uma determinada *postura analítica* irá provocar diferentes resultados no processo psicoterapêutico. Sendo assim, estou de acordo com Naffah Neto em sua afirmação: "Obviamente, não estou sugerindo que tanto faz olhar de um ângulo como de outro e que 'todos os caminhos levam a Roma'. Diferentes ângulos de visão produzem teorias e práticas clínicas diferentes, *com consequências igualmente diversas*" (2017, p. 27, grifos meus).

Nesse sentido, posso dizer que o psicanalista que possui uma base consistente de uma determinada teoria, e que *se permite* entender como ocorre a atuação clínica de outras linhagens psicanalíticas, proverá de maiores recursos para a condução de um caso – conseguindo identificar, com maior facilidade, a demanda psíquica do paciente. Além disso, penso que um analista deve "funcionar" como um receptor da transferência, sintonizando-se *com* ela com o intuito de entender qual postura analítica deverá utilizar diante de cada situação.

Décadas transcorreram desde que Klein e Winnicott apresentaram suas significativas contribuições sobre a clínica e as origens do psiquismo. Apesar da disponibilidade de pesquisas que validam a eficácia de ambas as abordagens, ainda existem resistências em nosso universo profissional. Alguns especialistas, focados unicamente em suas convicções, rejeitam por completo a importância desses estudos, desconsiderando assim os avanços propostos por esses renomados teóricos.

Entretanto, essas duas visões de sujeito e de técnica psicanalítica não estão livres de críticas, sobretudo quando acabam sendo aderidas a um funcionamento dogmático. No que se refere ao método kleiniano de análise, encontramos a seguinte preocupação enunciada por Hinshelwood:

> *Klein não foi cientificamente treinada, mas encontrou um método lógico para demonstrar o uso de dados empíricos. Como insinuo, estas foram circunstâncias incomuns – o desafio direto ao seu método e ao seu conjunto de descobertas. Na época, era comum os psicanalistas serem* bastante cautelosos *ao debater as descobertas uns dos outros. Ainda hoje, esse método de sustentar as próprias afirmações, ao*

> *mostrar que uma interpretação efetua mudanças relevantes, é menos usado do que se poderia esperar (ver Hinshelwood, 2013). Em vez disso, a correção de uma interpretação é reivindicada fazendo um apelo ao que faz sentido de acordo com uma teoria que um psicanalista sustenta. E isso, é claro, convence* apenas aqueles que sustentam a mesma teoria *que o analista que faz a afirmação. (Hinshelwood, 2018, p. 140, tradução e grifos meus)*

Em suma, o autor quer dizer que Klein formulava as suas teorias, inclusive as suas interpretações clínicas, valendo-se de sua *experiência*. Ou seja: as suas construções teóricas eram criadas *a partir de* seus dados empíricos. Esse movimento, infelizmente, não ocorreu com alguns de seus discípulos, tendo em vista que eles pareciam formular suas interpretações na tentativa de *validar* as bases teóricas já consolidadas. Tal gesto encerra a quaisquer possibilidades de discussão, pois alguém que desconhece tais premissas fica impedido de questionar a sua eficácia – como bem assinala Hinshelwood. Nessa lógica, a prática acaba ficando em segundo plano, contrariando o próprio método kleiniano – diga-se de passagem.

No outro horizonte, uma preocupação com o uso desenfreado das interpretações é característica na linhagem winnicottiana:

> *Os analistas da escola freudiana contemporânea e independente tendem a se concentrar mais* em ouvir e avaliar *em que nível o paciente está se comunicando. Isso não deve ser interpretado como se a interpretação não fosse importante para os não kleinianos, mas sim como se as intervenções devessem ser feitas* no ritmo e no tempo necessários para que o paciente possa fazer uso delas. *(Abram, 2018, p. 142, tradução e grifos meus)*

Se existe uma preciosidade na fala de Hinshelwood e Abram (2018) – dois grandes representantes contemporâneos do pensamento de Klein e Winnicott, respectivamente –, ela certamente está relacionada ao *cuidado* quanto à técnica e ao manejo para cada paciente. Ambos clinicam em busca da melhora do sofrimento (latente ou manifesto). Todavia, ambos também caminham por *vias diferentes* em direção a esse mesmo objetivo.

Sobre essa questão espinhosa, recorro a um texto de Renato Mezan:

> *Mas, no que tange ao nosso problema, a multiplicação das instituições psicanalíticas acarreta um efeito curioso. Elas se constituem em torno de uma determinada maneira de conceber a psicanálise como prática e como teoria, maneira assumida implícita ou explicitamente por seus membros sob a forma de atitudes, crenças e evidências* que paulatinamente vão se tornando inquestionáveis, *apesar da retórica em contrário ("interrogação permanente", e palavras de ordem do mesmo tipo). Tais crenças e evidências* desempenham um papel nada desprezível na configuração da identidade do psicanalista. *Lidando com fenômenos imateriais como emoções, pensamentos, transferências e resistências, e tendo como instrumento básico a interpretação necessariamente conjetural desses fenômenos, a espécie de trabalho que cada qual efetua com seus pacientes pode encontrar um de seus sustentáculos na ideia de que ela, e nenhuma outra, é a "verdadeira psicanálise", aquela que conserva a inspiração mais profunda do projeto freudiano. (Mezan, 2014, p. 25, grifos meus)*

É praticamente impossível tentar traçar alguma consideração final acerca desse tema sem passar pela problemática do *peso institucional* em nossa formação. Explico melhor: muitas instituições são direcionadas por ideologias que, não raramente, priorizam as ideias de um ou dois autores apenas, ignorando outras. Nesses espaços, pensar "fora da caixa" pode ser uma atitude um tanto quanto arriscada. Lembremos, porém, que isso não é de hoje. O próprio Winnicott levanta essa questão em diversas cartas endereçadas a inúmeros colegas.

À guisa de exemplo, cito um fragmento de uma delas, em que é possível notar a preocupação do psicanalista inglês em relação ao dogmatismo que se espalhava sorrateiramente na Sociedade Britânica de Psicanálise. Trata-se de uma correspondência dirigida a ninguém menos que Wilfred Bion:

> *Dentro de dez anos, creio que você se achará em contato com a Sociedade inteira, mas você ainda não começou a fazê-lo, estando como está inteiramente cercado pela organização do grupo kleiniano. Julgo-me capaz de vituperar contra o grupo de Klein sem alterar um mínimo que seja da minha opinião a respeito da sra. Klein como sendo uma pessoa adorável,* a quem devo tanto quanto a Freud e que contribui tão plenamente para a ciência. *A sra. Klein, porém, parece incapaz de perceber que seus seguidores estão desagregando a Sociedade, já que se juntam num bloco e não há nenhum modo de entrar nesse bloco a não ser submetendo-se a análise com a sra. Klein ou com alguém analisado por ela, e assim por diante. (Winnicott, 2017, p. 113, grifos meus)*

Como nos mostra a história da nossa disciplina, Bion não conseguiu *sobreviver* ao grupo kleiniano e, para manter a sua sanidade mental, assim como a originalidade de seu pensamento, precisou emigrar para a Califórnia. Isso é prova de que o pensamento enclausurado adoece, pois não há espaço para a circulação de ideias.

Entretanto, é interessante notar a admiração e a gratidão, nutridas por Winnicott em relação ao trabalho de Klein e de Freud. Esses mesmos sentimentos não aparecem em muitos analistas winnicottianos que simplesmente se "esquecem" das origens da psicanálise, atribuindo unicamente à figura de Winnicott todos os méritos por suas descobertas.

Como um pesquisador, dentro de um programa de pós-graduação, percebi o quanto essas discussões são rasas (e levianas) – sobretudo quando alçadas a âmbitos pessoais. Ao longo do meu mestrado, tive a oportunidade de lidar com teses diferentes das minhas, aprender outras perspectivas da nossa disciplina e ressignificar o meu *fazer* psicanalítico, à medida que mergulhava nessas discussões tão frutíferas ao pensamento crítico.

Nesse sentido, este livro parte da concepção de que no mundo contemporâneo, a experiência de uma subjetividade sustentável implica a adoção de métodos e técnicas *interdisciplinares* e, sobretudo, uma abordagem de pesquisa e ensino voltada à análise rigorosa dos novos riscos que não cessam de reconfigurar os limites entre o normal e o patológico, o subjetivo e o objetivo, a natureza e a cultura. Assim, trabalhar com a comparação das linhagens psicanalíticas kleiniana e winnicottiana representa o escopo central desse projeto, evidenciando, por fim, que o diálogo e a interlocução se mostram muito mais produtivos às concepções de *cura* e *tratamento*.

Além disso, ao longo dessa trajetória, estudando a fundo a obra de Klein e de Winnicott, consegui compreender os impasses presentes no registro de um caso clínico que sempre denunciam a *falta* daquilo que a escrita não é capaz de alcançar. É justamente essa *insuficiência* que faz a nossa prática ser profundamente singular e inesgotável em si mesma.

Poder acompanhar a jornada épica de Klein com Richard e Winnicott com Piggle me levou a pensar que somente a clínica sustenta toda e qualquer teoria – e não o contrário, como se costuma cogitar.

Longe de tecer generalizações, por meio desta pesquisa notei que a abordagem kleiniana é distintivamente caracterizada pela sua natureza *ativa* na interpretação dos conteúdos inconscientes. Essa prática tem como objetivo primordial a *mitigação* da ansiedade dos pacientes, ainda que, paradoxalmente, possa envolver uma elevação temporária desta como parte do processo psicanalítico. Tal modalidade técnica, embora pareça contraintuitiva, é fundamental para *mobilizar* e *confrontar* as defesas psíquicas do paciente, facilitando, assim, um avanço terapêutico significativo.

À guisa de exemplificação, no texto "Notas sobre alguns mecanismos esquizoides" (1946), Klein descreve o caso de um paciente que se sentia ansioso, sem causa aparente. Este paciente constantemente comparava-se a pessoas bem-sucedidas e mais afortunadas que ele. Klein considerou que esses sentimentos de frustração, inveja e ressentimento também possuíam alguma relação com o que ela representava na transferência (no *aqui* e *agora*). Segundo a nossa autora: "quando interpretei – dou aqui somente a essência das minhas interpretações – que esses sentimentos eram dirigidos contra a analista e que ele queria me destruir, seu estado de espírito mudou bruscamente" (1946/1996, p. 38). Com efeito, o timbre da voz do paciente se alterou, tornando-se "sem vida". Vagaroso e inexpressivo, o analisando retrucou afirmando "que a interpretação parecia correta, mas que não tinha importância. Na verdade, ele já não tinha mais vontade alguma e não valia a pena preocupar-se com nada" (1946/1996, p. 38). Aqui, cito Klein na íntegra:

> *As interpretações que dei a seguir centralizaram-se nas* causas dessa mudança *de estado de espírito. Sugeri que, no momento da minha interpretação, o perigo de destruir-me tinha-se tornado muito real para ele e a consequência imediata foi o medo de me perder. Em vez de sentir culpa e depressão, que em certos períodos da análise seguiam-se a*

> *tais interpretações, ele tentava agora lidar com esses perigos com um método específico de cisão. [...] O paciente escindiu aquelas partes de si mesmo, isto é, do seu ego, que ele sentia como perigosas e hostis em relação ao analista. Desviou de seu objeto* para seu ego *seus impulsos destrutivos, com o resultado de que partes de seu ego deixaram temporariamente de existir. Na fantasia inconsciente, isso correspondia ao aniquilamento de parte de sua personalidade. (Klein, 1946/1996, p. 38, grifos meus)*

Após a interpretação, o paciente retomou seu estado de ânimo. Ficou emocionado e disse que tinha vontade de chorar; estava deprimido, mas se sentia mais *integrado*. Por fim, revelou também uma sensação de fome.

> *A sensação de fome indicava que o processo de introjeção havia sido novamente desencadeado sob o domínio da libido. [...] O alívio da ansiedade resultou em que a analista voltou a representar um objeto bom, no qual ele podia confiar. Assim, o desejo de me introjetar como um* objeto bom *pôde vir à tona. Se ele pudesse reconstruir o seio bom dentro de si, fortaleceria e integraria seu ego, teria menos medo de seus impulsos destrutivos; ele então poderia preservar a si próprio e a analista. (Klein, 1946/1996, p. 39, grifos meus)*

Este exemplo sintetiza a importância da interpretação na clínica kleiniana. Por meio dela, a simbolização dos conflitos internos abre espaço para a introjeção do bom objeto. E, como sabemos, "A introjeção do objeto bom, em primeiro lugar o seio da mãe, *é uma precondição para o desenvolvimento normal*" (Klein, 1946/1996, p. 28, grifos meus). Caso contrário, sem a introjeção da interpretação – para esta linhagem psicanalítica –, o indivíduo permaneceria fixado na posição esquizoparanoide, isto é, continuaria existindo como uma "coisa em si mesma", incapaz de se responsabilizar por sua própria vida (Ogden, 2017).

Os analistas winnicottianos, no entanto, preferem aguardar pelo *timing* perfeito – que é sempre do paciente –, de forma que ele possa se beneficiar da interpretação. Como demonstrei ao longo desta pesquisa, tal premissa se atrela à "teoria do desenvolvimento maturacional", proposta por Winnicott. Para ele, se o paciente ainda não possui *capacidade emocional* para compreender o sentido da interpretação, ela não deve ser realizada – pois não teria serventia, devido à imaturidade do indivíduo. Nesse caso, o *manejo* (*management*) ocupa o primeiro plano. Somente quando o sujeito alcança uma integração espaçotemporal as interpretações passam a ocorrer do mesmo modo que na clínica freudiana e kleiniana.

Um exemplo da alteração deste manejo – a saber, a mudança do *holding* para uma interpretação mais ativa (elaborada) – é encontrado no próprio caso Piggle, quando, na oitava sessão com Gabrielle, Winnicott optou por uma abordagem distinta, deixando de lado a sustentação em prol da *interpretação* de conteúdos inconscientes. Tal mudança de estratégia assemelha-se aos métodos utilizados por Klein, indicando uma flexibilidade no seu estilo terapêutico. Vejamos:

> *Winnicott: Mas você se livrou dos seus medos?*
> *Gabrielle: Eu morro de medo da Susan preta; então, eu brinco com os brinquedos do senhor. Eu odeio a Susan. Sim, eu a odeio muito, só quando ela leva meus brinquedos embora [subentendido: aqui, na casa do Dr. Winnicott, ela faz uso dos brinquedos e* Susan é excluída*]. Essa casa é tão bonita. Quando Susan tá bem-vestida, ela é tão bonita. Então ela ia adorar essa casa, e o senhor sabe o que ela faz?*

> *Quando ela gosta de mim, ela vem e agacha e fala aaah e me beija [...].*
> *Winnicott:* Você odeia e gosta de Susan, ao mesmo tempo. *(Winnicott, 1977/1987, p. 96, grifos meus)*

Devo admitir aos leitores deste livro que pesquisar sobre o tema da "interpretação" foi bastante desafiador, pois ambas as teorias são completamente diferentes. Desse modo, discordo da afirmação de Hinshelwood quando ele diz: "Mas pode haver diferenças significativas na prática clínica entre Klein e Winnicott, *mesmo que suas teorias não sejam muito diferentes*" (Hinshelwood, 2018, p. 136, tradução e grifos meus).

Cabe destacar que Klein e Winnicott se distanciam, principalmente, no que tange à aceitação do conceito freudiano de "instinto de morte". Para o psicanalista britânico, esse foi o grande erro de Freud, diga-se de passagem.

Em uma carta endereçada a Roger Money-Kyrle, de 1952, Winnicott diz:

> *Em minha opinião, o impulso agressivo inerente é extremamente poderoso e faz parte do* instinto que clama por relacionamentos. *É, portanto, uma parte essencial do impulso primitivo de amor. [...] Lamento que tenha introduzido aqui o instinto de morte, porque ele confunde tudo e,* do meu ponto de vista, é um conceito que Freud introduziu porque não tinha nenhuma noção a respeito do impulso primitivo de amor. *Numa discussão não teria a menor utilidade introduzir a expressão instinto de morte, a menos que se volte diretamente a Freud e se fale da tendência dos tecidos orgânicos de retornar ao estado inorgânico, o que, no*

> *que diz respeito à psicologia*, não significa absolutamente nada, *exceto uma afirmação do óbvio. Provavelmente não é verdade nem mesmo na sua forma mais crua e simples. (Winnicott, 2017, pp. 49-50, grifos meus)*

Por outro lado, toda a teoria de Klein é estruturada com base nesse argumento de Freud. Na visão da autora, desde o início, somos atormentados pelo conflito de Eros *versus* Tânatos – o que gera uma intensa ansiedade no ego arcaico do bebê, ativando mecanismos de defesa muito precoces.

Essa atitude não fundamenta a superioridade de uma abordagem sobre a outra. Trata-se de perspectivas diferenciadas sobre a subjetividade, a metapsicologia e a interpretação do sofrimento psíquico. Essas visões não se excluem mutuamente, nem se sobrepõem. Pelo contrário, contribuem para enriquecer a nossa compreensão sobre a complexidade do ser humano, desde que respeitemos as suas características distintivas – o que, por sinal, as tornam tão fascinantes.

Por fim, recorro à delicadeza da poesia e do saber literário, mais precisamente à genialidade de Clarice Lispector, que soube resumir em uma entrevista o que eu tentei demonstrar ao longo deste trabalho:

> *Suponho que me entender não é uma questão de inteligência e sim de sentir, de entrar em contato... Ou toca, ou não toca. (Clarice Lispector, em 1977, para uma entrevista à TV Cultura)*

Eis aqui a definição perfeita da alma humana – sempre além do alcance de qualquer teoria. Essa é a essência da clínica psicanalítica, com suas vicissitudes que desafiam os limites do nosso saber, constantemente em transformação.

Referências

Abram, J. & Hinshelwood, R. D. (2018). *The clinical paradigms of Melanie Klein and Donald Winnicott: comparisons and dialogues.* Routledge.

Klein, M. (1996). Notas sobre alguns mecanismos esquizoides. In M. Klein, *Inveja e gratidão e outros trabalhos (1946-1963).* Imago. (Texto original publicado em 1946).

Mezan, R. (2014). *O tronco e os ramos: estudos de história da psicanálise.* Blucher.

Naffah Neto, A. (2017). *Veredas psicanalíticas: à sombra de Winnicott.* Novas Edições Acadêmicas.

Ogden, T. (2017). *A matriz da mente: relações objetais e o diálogo psicanalítico.* Blucher.

Winnicott, D. W. (1987). *The Piggle: relato do tratamento psicanalítico de uma menina.* Imago. (Texto original publicado em 1977).

Winnicott, D. W. (2017). *O gesto espontâneo.* Martins Fontes.

GRÁFICA PAYM
Tel. [11] 4392-3344
paym@graficapaym.com.br